LEARN GERMAN FOR BEGINNERS

OVER 300 CONVERSATIONAL DIALOGUES AND DAILY USED PHRASES TO LEARN GERMAN IN NO TIME. GROW YOUR VOCABULARY WITH GERMAN SHORT STORIES & LANGUAGE LEARNING LESSONS!

LANGUAGE MASTERY

Copyright © 2022 by Language Mastery

All rights reserved.

No part of this book may be reproduced in any form or by any electronic or mechanical means, including information storage and retrieval systems, without written permission from the author, except for the use of brief quotations in a book review.

CONTENTS

Introduction — vii

1. The Meeting — 1
   Greetings
2. The Journey — 11
   Colors & Directions
3. The Trek — 21
   Weather
4. The Garage — 31
   Days Of The Week & Parts Of The Day
5. The Hotel — 41
   Months & Telling Time
6. The Farm — 51
   Food & Meals
7. The Birthday Gift — 61
   Emotions
8. The Final Choice — 71
   Present Tense Verbs
9. Hide And Seek — 81
   House And Furniture
10. The Search — 95
    Question Words
11. The Weekend — 107
    Likes & Dislikes
12. The Adventure — 119
    Prepositions + To Be/To Have
13. The Weekend Trip — 129
    Transition Words
14. The Fortune-Teller — 141
    Personal Pronouns, Possessive Pronouns & Possessive Adjectives
15. The Hotel — 155
    Common Everyday Objects

16. Saturday	167
Numbers	
17. Back Home	177
Relationship Words	
Conclusion	187
Also by Language Mastery	191

INTRODUCTION

Language is an irreplaceable part of human life. Just imagine for a moment that you wake up one morning and cannot speak your own language. How would your life be? How would you feel? Wouldn't life feel like a total mess? While knowing a language is essential, knowing more than one could be a competitive advantage for you. You will be able to communicate easily with more people and this can help you greatly in improving the quality of both your personal as well as professional life. What's more? Learning a new language is excellent for your brain. It is like a workout for the mind and can help you stay younger mentally.

Learning a new language isn't as hard as it seems. Learning can take place outside the classroom too. All you need is patience, lots of hard work, and regular practice. This book can be your guiding light and helping hand that you need on your language learning journey.

CREATED FOR BEGINNERS

This book is geared toward beginners. You will learn a new language through the adventures of Jack and Rose, a young British boy and a Swiss girl. It is divided into 17 chapters. As you walk with them through their various life experiences, you will not only be thoroughly entertained but will also get to learn loads of commonly used phrases and words to enrich your vocabulary.

This book can provide you with a really fun learning experience and will immerse you into a new language in the most interesting way.

THE BENEFITS OF LEARNING A NEW LANGUAGE

Learning a language is one of the most complete cognitive exercises: memory is activated while new neural connections are formed as we move from one language to another. Studying a foreign language increases language, reasoning, abstraction, and calculation skills. In addition to this, knowing more than one language opens up a whole new world to you: from being able to communicate with a larger audience, or opening your access to new job opportunities and relationships.

HOW TO USE THIS BOOK

Each chapter is divided into five sections. The first section contains the story. This is followed by a brief summary of the story. Next, you will find a list of important words that you must remember to increase your fluency, efficiency, and flow with this new language. Following this will be a section containing five questions based on the story. The final section will have answers to these questions. Whether you are 15 or 55, learning a new language using this book is going to be extremely easy and interesting.

Start by reading the story. Don't pressure yourself too much and just try to understand and absorb as much as you can in your first read. It is normal to not be able to understand every word. You are learning a new language after all. Read the summary next to confirm your understanding of the story. Try to remember the words/phrases listed under the "words to remember" category. Finally, check your knowledge and understanding by trying to answer the questions at the end of every chapter. Check your solutions with the answer key provided to see how many questions you got right. Try to learn from your mistakes and move on to the next chapter. As you progress from one chapter to the next, you will see your grasp of the new language gradually improve.

READ AND LISTEN

We highly recommend you buy the audio version of this book. If you choose to listen to the audiobook, you will hear a native English speaker narrating each story before or during reading. Reading along will help you become accustomed to their accent, which will be helpful when applying your new language skills in real-life situations.

Don't wait anymore. Put all your fears and apprehension away and set foot on this amazing language learning journey today!

1
THE MEETING
GREETINGS

Es ist 16 Uhr und Jack wartet am Bahnhof von Florenz, um seinen Zug zu nehmen. Die Station ist überfüllt mit Menschen unterschiedlicher Größen und Hautfarben; und Jack, der mit dem Ort nicht vertraut ist, fühlt sich verwirrt und verloren. Er geht zu Rose, die auch auf ihren Zug wartet und beginnt folgendes Gespräch:

"**Entschuldigen Sie bitte**! Guten Abend!", beginnt Jack zögernd.

"**Hallo**! **Guten Tag**! Wie kann ich Ihnen helfen?", antwortet Rose, als sie ihr Buch ablegt und ihren Blick auf Jack richtet.

"Ich bin Tourist. Wann kommt der Zug nach Berlin ungefähr an?"

"Ähm... 16.20 Uhr, in zwanzig Minuten", antwortet sie und wirft einen kurzen Blick auf ihre Uhr.

"Alles klar. **Danke**!", antwortet Jack erleichtert.

"**Gern geschehen**! Alles gut?", fragt Rose besorgt.

"Ja, **es geht mir gut**, danke", sagt Jack mit einem Lächeln. "**Wie geht es Ihnen**?", fährt er fort.

"Es geht mir gut! **Wo kommen Sie her**?"

"**Ich komme aus** Großbritannien. Was ist mit Ihnen? Sind Sie Einheimische?"

"Nein", antwortet sie. "Ich bin keine Einheimische. Ich komme aus der Schweiz. Ich bin wegen meiner Arbeit hier."

"Ah! Ich auch! **Wo wohnen Sie** in der Schweiz?"

"**Ich wohne in** Zürich."

"Wow! Das ist schön! Zürich ist eine wunderschöne Stadt!"

"Ja! Waren Sie schon mal in der Schweiz?"

"Ja. Ich war letztes Jahr zu einem Meeting in Bern. Ich war aber noch nie in Zürich", antwortet Jack.

"Sie müssen die Stadt einmal besuchen. Es wird Ihnen gefallen."

"Ja, auf jeden Fall! Es ist mein Traum, die Schweiz zu bereisen", sagt Jack. "Meine Reise nach Bern war sehr kurz, nur einen Tag. Dieses Mal möchte ich gerne eine längere Reise planen. Waren Sie schon einmal in Großbritannien?"

"Nein! Noch nie! Aber ich liebe die königliche Familie Großbritanniens. Ich möchte eines Tages den Buckingham Palast besuchen", antwortet Rose begeistert.

"Das ist gut zu wissen. Das ist die berühmteste Touristenattraktion in Großbritannien."

"Ja! Es ist ein schöner Palast! Ich denke, es ist eine der berühmtesten Touristenattraktionen der ganzen Welt. Wann ist die beste Zeit für einen Besuch?"

"Sie können jederzeit kommen. Aber wenn Sie das Innere des Palastes sehen möchten, ist es von Juli bis September für Touristen geöffnet."

"Nur drei Monate im Jahr?", fragt Rose.

"Ja, denn das ist die Zeit, in der die Königin ihr Urlaubsschloss in Schottland besucht. Sie können Touristen nicht hereinlassen, wenn die Königin da ist."

"Oh ja! Ich verstehe. Leben Sie in London?"

"Nein. Ich wohne in Bradford. Es ist eine Stadt im Norden des Landes", erklärt Jack.

"Bradford! Das kenne ich. Zwei meiner Kollegen sind von dort und ich habe von ihnen viel über diesen Ort gehört."

"Wirklich? Das ist schön zu hören. **Wo arbeiten Sie**?", fragt Jack.

"**Ich arbeite bei** einer Kunstgalerie hier in Florenz. Und Sie?"

"Ich bin Schriftsteller und arbeite in einem Verlag in Bradford. Ich bin hier, um einige unserer Kunden in Berlin, Paris und hier in Florenz zu treffen."

"Ok. Wie lange werden Sie in Berlin bleiben?"

"Zwei Tage. Fahren Sie auch nach Berlin?"

"Oh ja! Wir haben dort eine Kunstausstellung", sagt Rose.

"Ist Ihr Unternehmen Gastgeber der Ausstellung?"

"Ja. Wir werden unsere Ausstellung haben, und lokale Künstler aus Deutschland werden auch teilnehmen. Die Bilder handeln von den Auswirkungen der globalen Erwärmung. Es ist eine dreitägige Ausstellung. Sie können kommen und es sich anschauen, wenn Sie die Zeit haben. Mögen Sie Kunst?"

"Nun, nicht so sehr. Aber ich werde versuchen, die Ausstellung zu besuchen. **Viel Glück** mit Ihrer Ausstellung."

"Danke. Die Ausstellung wird im The Ritz-Carlton in Berlin stattfinden. Sie beginnt morgen und dauert drei Tage. Sie können jederzeit zwischen 9 Uhr und 17 Uhr vorbeikommen. Sie können bequem mit dem Zug oder dem Bus dorthin gelangen. Hier, nehmen Sie die

Visitenkarte meiner Firma. Zögern Sie nicht, mich anzurufen, wenn Sie Hilfe benötigen."

"Das ist sehr nett von Ihnen. Vielen Dank. **Wie heißen Sie?**"

"Oh! Ich vergaß zu erwähnen. Mein Name ist Rose Kessler. Wie heißen Sie?"

"**Ich heiße** Jack Butler. Wir können gerne 'du' sagen."

"Gerne! Schön, dich kennenzulernen, Jack. Hier kommt unser Zug", bemerkt Rose und zeigt auf den Zug, der langsamer wird, als er sich dem Bahnsteig nähert.

"Oh ja! Bitte entschuldige mich für einen Moment. **Bis bald** an Bord", sagt Jack und eilt, um seine Tasche zu holen.

"**Tschüss**, Jack! **Pass auf dich auf.**"

"Du auch", antwortet Jack und die beiden gehen getrennte Wege.

———

SUMMARY

Jack und Rose sind zwei Fremde, die sich am Bahnhof von Florenz treffen, während sie auf ihren Zug warten. Jack nähert sich Rose, um sich nach der Ankunftszeit seines Zuges zu erkundigen und sie beginnen, sich zu unterhalten. Ein Gespräch führt zum anderen und am Ende sprechen sie über ihre Heimatstadt, ihre Arbeit und ihre Zukunftspläne.

———

WORDS TO REMEMBER

1. **Hallo -** Hello
2. **Entschuldigen Sie bitte -** Excuse me, please
3. **Guten Morgen -** Good morning
4. **Guten Tag -** Good day
5. **Wie geht es Ihnen? -** How are you?
6. **Es geht mir gut -** I'm fine
7. **Danke** - Thank You
8. **Gern geschehen** - My pleasure
9. **Wie heißen Sie?** - What's your name?
10. **Ich heiße ...** - My name is
11. **Wo kommen Sie her?** - Where are you from?
12. **Ich komme aus** - I'm from
13. **Wo wohnen Sie?** Where do you live?
14. **Ich wohne in ...** - I live in
15. **Wo arbeiten Sie?** - Where do you work?
16. **Ich arbeite bei ...** - I work at
17. **Viel Glück** - Good luck!
18. **Bis bald** - See you soon
19. **Tschüss** - Bye
20. **Pass auf dich auf** - Take care

QUESTIONS

1. Wann kommt der Zug nach Berlin?

- a. 16 Uhr
- b. 16.20 Uhr
- c. 15.40 Uhr
- d. 15 Uhr

2. Wann findet die Ausstellung statt und wo findet sie statt?

- a. Von 9 bis 18 Uhr im The Ritz-Carlton Florenz
- b. Von 9 bis 17 Uhr im The Ritz-Carlton Florenz
- c. Von 9 bis 17 Uhr im The Ritz-Carlton Berlin
- d. Von 9 bis 18 Uhr im The Ritz-Carlton Berlin

3. Welche Stadt mag Jack und was ist sein Reisetraum?

- a. Er mag Bradford und träumt davon, durch die Schweiz zu reisen
- b. Er mag Zürich und träumt davon, durch die Schweiz zu reisen
- c. Er mag London und träumt davon, durch Italien zu reisen
- d. Er mag Florenz und träumt davon, durch das Großbritannien zu reisen

4. Wo sind Jack und Rose und wohin fahren sie?

- a. Sie sind am Bahnhof von Florenz und fahren nach Paris
- b. Sie sind am Bahnhof Zürich und fahren nach Florenz

- c. Sie sind am Bahnhof Florenz und fahren nach Berlin
- d. Sie sind am Berliner Bahnhof und fahren nach Florenz

5. Wie viele Tage wird Jack in Berlin bleiben?

- a. Zwei Tage
- b. Drei Tage
- c. Vier Tage
- d. Fünf Tage

ANSWERS

1. **b.** 16.20 Uhr
2. **c.** Von 9 bis 17 Uhr im The Ritz-Carlton Berlin
3. **b.** Er mag Zürich und träumt davon, durch die Schweiz zu reisen
4. **c.** Sie sind am Bahnhof Florenz und fahren nach Berlin
5. **a.** Zwei Tage

ENGLISH TRANSLATION

It's 4 p.m. and Jack is waiting at the Florence railway station to catch his train. The station is crowded with people of different sizes and skin tones; and Jack, who is unfamiliar with the place, feels confused and lost. He walks up to Rose who is waiting for her train too and starts the following conversation:

"Excuse me, Miss! Good evening!" Jack begins hesitantly.

"Hello! Good day! How can I help you?" Rose replies putting her book down and shifting her gaze towards Jack.

"I'm a tourist here. When is the train to Berlin likely to arrive?"

"Um… at 20 minutes past 4, 20 minutes from now," she replies, taking a brief glance at her watch.

"All right. Thank you!" Jack replies relieved.

"My pleasure! All good?" Rose asks, concerned.

"Yes. I'm fine, thank you," says Jack with a smile. "How are you?" he continues.

"I'm fine! Where are you from?"

"I'm from the United Kingdom. What about you? Are you a local?"

"No," she replies. "I'm not a local. I'm from Switzerland. I'm here for work."

"Ah! Same here! Where do you live in Switzerland?"

"I live in Zurich."

"Wow! That's lovely! Zurich is a beautiful city!"

"Yes indeed! Have you ever been to Switzerland?"

"Yes. I visited Bern for a meeting last year. I have never been to Zurich, though," answers Jack.

"You must visit. You will enjoy it."

"Yes. Absolutely! It is my dream to travel around Switzerland," says Jack. "My trip to Bern was very short, just one day. I hope to plan a longer trip this time. Have you ever been to the UK?"

"No! Never! But I love the royal family of Great Britain. I want to visit Buckingham Palace someday," Rose replies excitedly.

"That's good to know. That is the most famous tourist attraction in Britain."

"Yes! It is a beautiful palace! I think it is one of the most famous tourist attractions in the whole world. When is the best time to visit?"

"You can come any time. But if you like to see the inside of the palace, it is open to tourists from July to September."

"Only three months a year?" enquires Rose.

"Yes, because that's the time when the Queen goes to visit her holiday castle in Scotland. They cannot allow tourists around when the Queen is there."

"Oh, yes! I understand. Do you live in London?"

"No. I live in Bradford. It is a city in the north of the country," explains Jack.

"Bradford! I know about it. Two of my colleagues are from there and I have heard a lot about this place from them."

"Really? That's nice to hear. Where do you work?" Jack asks.

"I work at an art gallery here in Florence. And you?"

"I'm a writer. I work in a publishing house in Bradford. I'm here to meet some of our clients in Berlin, Paris, and here in Florence."

"Ok. How long are you going to be in Berlin?"

"Two days. Are you also going to Berlin?"

"Oh yes! We have an art exhibition there," says Rose.

"Is your company hosting the exhibition?"

"Yes. We will have our exhibits, and local artists from Germany will also be participating. The paintings are about the effects of global warming. It is a three-day exhibition. You can come and take a look if you have the time. Do you like art?"

"Well, not much. But I will try to visit. Good luck with your exhibition."

"Thank you. The exhibition is going to be held at The Ritz Carlton in Berlin. It will start tomorrow and go on for three days. You can drop in at any time between 9 a.m. and 5 p.m. You can easily get there by train or bus. Here, take my company's card. Don't hesitate to call me if you need any help."

"That's very kind of you. Thank you so much. What's your name?"

"Oh! I forgot to mention. My name is Rose Kessler. What's your name?"

"I'm Jack Butler. It was a pleasure talking to you."

"Nice to meet you, Jack. Here comes our train," Rose remarks pointing at the train slowing down as it approaches the platform.

"Oh yes! Please excuse me for a moment. I'll see you on board," Jack says and rushes to fetch his bag.

"Bye Jack! Take care."

"You too," Jack replies and the two of them go their separate ways.

2

THE JOURNEY
COLORS & DIRECTIONS

Der Zug nach Berlin rast vorbei an den Wiesen und Wäldern der italienischen Landschaft. Die beiden neuen Freunde Jack und Rose sitzen auf ihren jeweiligen Plätzen. Jack liest ein Buch und Rose schläft. Der Rest der Passagiere ist mit sich selber beschäftigt, und alles ist friedlich. Plötzlich schreckt eine laute Stimme aus den Zuglautsprechern die Reisenden auf.

„Achtung, meine Damen und Herren! Das ist ein Notfall! Bitte steigen Sie sofort über den Ihnen am nächsten gelegenen Ausgang aus. Vielen Dank!", sagt die Stimme.

Die gleiche Nachricht wird immer wieder wiederholt, und der Zug kommt abrupt zum Stehen. Die Türen öffnen sich und alle Passagiere stürmen hinaus. Hier gibt es keinen Bahnhof. Rose kommt auf Jack zugelaufen und sagt:

"Hey Jack! Was passiert hier?"

"Keine Ahnung. Fragen wir den Mann in der **roten** Uniform", sagt Jack.

Rose stimmt zu und sie gehen auf den Mann zu. Er

hat eine **gelbe** Pfeife in der Hand und schaut durch seine Lesebrille eifrig in eine **grüne** Akte.

"Entschuldigen Sie bitte. Was ist hier das Problem?", fragt Jack.

„Es gibt einen Bahnstreik. Der Zugverkehr ist eingestellt", sagt der Mann und rückt seinen **schwarzen** Hut zurecht.

"Bahnstreik! Ohne Voranmeldung?", sagt Jack alarmiert.

"Ja. Es ist ein spontaner Streik."

"Oh mein Gott! Was tun wir jetzt?", fragt Rose.

„Sie müssen einen Bus oder ein Taxi nehmen. Sie können auch zum Flughafen fahren", sagt der Mann und schaut auf seine **weiße** Sportuhr.

„Es ist ziemlich spät in der Nacht! Es ist keine gute Idee, zu diesem Zeitpunkt zu reisen", sagt Jack.

"Ja. Er hat recht. Gibt es ein Hotel **in der Nähe**?", fragt Rose.

"Lassen Sie mich das für Sie überprüfen", sagt der Mann und holt eine Karte aus seiner **blauen** Tasche. „Ja, es gibt ein Hotel nicht **weit** von hier."

"Das ist großartig! Wie kommen wir dort hin?", fragt Jack.

„Sie werden zu Fuß gehen müssen. Das dauert etwa 30 Minuten", sagt der Mann und blickt auf die Karte.

„Das ist ziemlich umständlich, aber ich denke, wir haben keine Wahl", sagt Rose und sieht Jack an.

"Ja. Können Sie uns bitte den Weg zeigen?", fragt Jack.

"Sicher! Gehen Sie etwa zehn Minuten lang diese **hinunter** geradeaus. Am Ende dieser Straße **neben** der Kirche sehen Sie ein **lila** Haus. Dort **links** abbiegen. Gehen Sie weiter geradeaus, bis Sie einen kleinen Laden mit einer **braunen** Tür sehen. Der Besitzer dieses Ladens wohnt **gegenüber** auf der anderen Straßenseite und wird Ihnen von da an helfen können."

„Ich danke Ihnen vielmals", sagt Jack. Auch Rose bedankt sich bei dem Mann.

Als sie sich umdrehen, um zu gehen, sehen sie eine Gruppe von zwölf kleinen Kindern, die zusammen mit ihrer Lehrerin **hinter** ihnen stehen. Die Mädchen tragen lila Röcke und **rosa** Hemden und die Jungen **orange**farbene Hemden und lila Shorts.

"Hallo junger Mann! Mein Name ist Elizabeth und das sind meine Vorschulkinder. Wir sind auf einer Reise", sagt die Lehrerin zu Jack.

"Hallo!", sagt Jack.

„Auch wir müssen ins Hotel, um die Nacht dort zu verbringen, aber die Kinder sind klein. Sie sind kaum in der Lage, wach zu bleiben. Sie werden nicht 30 Minuten lang laufen können. Können Sie mir helfen, einen Weg für sie zu finden?", fragt die Lehrerin.

„Ähm. Es ist jetzt ziemlich spät und wir befinden uns in einer abgelegenen ländlichen Gegend, also bezweifle ich, dass wir ein Taxi bekommen können", sagt Jack.

„Ich verstehe, aber was mache ich mit den Kindern?"

„Fragen wir den Mann in der Uniform, ob wir ein Fahrzeug mieten können, um die Kinder zum Hotel zu bringen."

Jack fragt den Mann und er antwortet: „Ich habe kein Fahrzeug. Es tut mir leid."

„Bitte helfen Sie uns. Diese Kinder sind sehr jung. Wohin sollen sie zu dieser späten Stunde gehen?", fragt Jack.

„Rechts auf dem Hügel steht ein großes Haus. Dort leben ein Anwalt und seine Frau. Sie haben ein Auto. Sie können sie fragen, ob sie bereit sind zu helfen", sagt der Mann.

"In Ordnung. Vielen Dank für Ihre Hilfe", sagt Jack.

„Gern geschehen", sagt der Mann.

„Müssen wir die Treppe **vor** der Eiche **hinauf**steigen, um zum Haus zu gelangen?", fragt Jack.

"Ja! Klopfen Sie an der Seitentür des Hauses. Sie benutzen die Eingangstür nicht", sagt der Mann.

„Aber wird das Auto ausreichen, um 12 Kinder zu transportieren?", fragt Rose.

"Nein", sagt der Mann. „Das ist ein Siebensitzer. Sie müssen zwei Fahrten machen", sagt der Mann.

"Kein Problem. Nochmals vielen Dank", sagt Jack.

„Aber was ist mit diesem Zug? Wann endet der Streik?", fragt Rose.

„Ich kann es nicht sagen, weil dies ein spontaner Streik ist. Das können zwei Tage oder zwei Wochen sein", zuckt der Mann mit den Schultern.

"Das ist eine lange Zeit! Ich habe morgen eine Veranstaltung!", sagt Rose.

„Ja, ich auch. Ich denke, Fliegen ist die einzige Option", sagt Jack.

„Ja", sagt Rose.

„Lass uns zuerst ins Hotel gehen", sagt Jack.

Rose, Jack, die Lehrerin und die Kinder gehen zum Haus des Anwalts.

SUMMARY

Jack und Rose sind auf dem Weg nach Berlin. Wegen eines Bahnstreiks kommt der Zug auf halber Strecke plötzlich zum Stehen und die Fahrgäste werden aufgefordert, sofort auszusteigen. Rose und Jack versuchen dann herauszufinden, wie sie nach Berlin kommen. Sie beschließen, für die Nacht in ein Hotel zu gehen und am nächsten Morgen weiterzureisen. Eine Lehrerin und ihre zwölf Vorschulkinder bitten Jack um Hilfe, um das Hotel zu erreichen. Alle beschließen, sich für die Fahrt zum Hotel ein Auto von einem Anwalt zu leihen, der in der Nähe wohnt.

WORDS TO REMEMBER

1. **Rot** - Red
2. **Gelb** - Yellow
3. **Grün** - Green
4. **Schwarz** - Black
5. **Weiß** - White
6. **Rosa** - Pink
7. **Lila** - Purple
8. **Orange**- Orange
9. **Braun** - Brown
10. **Blau** - Blue
11. **Rechts** - Right
12. **Links** - Left
13. **Hinauf** - Up
14. **Hinunter** - Down
15. **Hinter** - Behind
16. **Vor** - In front of
17. **Gegenüber** - Across
18. **Neben** - Next to
19. **In der Nähe** - Nearby
20. **Weit** - Far

QUESTIONS

1. Was hat Jack vor der Ankündigung im Zug gemacht?

- a. Ein Buch gelesen
- b. Geschlafen
- c. Gegessen
- d. Musik gehört

2. Warum hält der Zug plötzlich an?

- a. Wegen eines Terroranschlags
- b. Wegen eines technischen Problems
- c. Wegen eines Bahnstreiks
- d. Wegen eines Schneesturms

3. Was ist das gelbe Ding, das der Mann in der Uniform in der Hand hat?

- a. Eine Tasche
- b. Eine Akte
- c. Ein Stift
- d. Eine Pfeife

4. Welche Entscheidung treffen Jack und Rose für die Nacht?

- a. Im Zug zu schlafe
- b. Im Haus des Anwalts zu schlafen
- c. Sich ein Hotel zu nehmen
- d. Zu Fuß nach Berlin zu gehen

5. Wie viele Kinder hat die Vorschullehrerin bei sich?

- a. Sechs
- b. Zwölf
- c. Fünfzehn
- d. Zehn

ANSWERS

1. **a.** Ein Buch gelesen
2. **c.** Wegen eines Bahnstreiks
3. **d.** Eine Pfeife
4. **c.** Sich ein Hotel zu nehmen
5. **b.** Zwölf

ENGLISH TRANSLATION

The train to Berlin is speeding along past the meadows and woodlands of the Italian countryside. The two new friends Jack and Rose are in their respective seats; Jack is reading a book and Rose is asleep. The rest of the passengers are busy doing their own thing and all is peaceful. A sudden loud voice from the train speakers startles the travellers.

"Attention ladies and gentlemen! This is an emergency! Please disembark immediately using the exit nearest to you. Thank you!" says the voice.

The same message is repeated over and over again, and the train comes to an abrupt halt. The doors open, and all the passengers rush out. There is no station here. Rose comes running towards Jack and says:

"Hey, Jack! What's happening here?

"No idea. Let's ask that man in the red uniform," says Jack.

Rose agrees and they walk up to the man. He has a yellow whistle in his hand and is busily looking into a green file through his reading glasses.

"Excuse me, sir. What is the problem here?" Jack asks.

"There is a rail strike. Train services are suspended," the man says adjusting his black hat

"Rail strike! Without prior notice?" Jack says, alarmed.

"Yes. It's a spontaneous strike."

"Oh, my god! What do we do now?" Rose says.

"You will have to take a bus or a cab. You can also go to the airport," the man says checking the time on his white sports watch.

"It's quite late at night! It will not be a good idea to travel at this time," says Jack.

"Yes. He is correct. Is there a hotel nearby?" Rose asks.

"Let me check for you." the man says and takes out a map from his blue bag. "Yes, there is one hotel not too far from here."

"That's great! How can we get there?" Jack asks.

"You will have to walk. It will take about 30 minutes," the man says while looking at the map.

"That's pretty inconvenient, but I think we don't have a choice," Rose says, looking at Jack.

"Yes. Can you please show us the way?" says Jack.

"Sure! Walk straight down that road for about ten minutes. You will see a purple house, turn to right, at the end of that road next to the church. Turn left there, not to right. Continue walking straight until you see a little store with a brown door down there. The shopkeeper of this shop lives across the street and he will be able to help you from then on."

"Thank you very much, sir," Jack says. Rose also thanks the man.

When they turn to leave, they see a group of twelve young children standing behind them along with their teacher. The girls are dressed in purple skirts and pink shirts and the boys in orange shirts and purple shorts.

"Hello, young man! My name is Elizabeth and these are my kindergarten students. We are on a trip," says the teacher to Jack.

"Hello, madam!" Jack says.

"We too need to go to the hotel to spend the night but these children are young. They are barely able to stay awake. They will not be able to walk for 30 minutes. Can you help me find a way for them?" the teacher asks.

"Uhm. It's quite late now and we are in some remote corner of the country, so I doubt we will be able to get a cab," says Jack.

"I understand, but what do I do with the children?"

"Let's ask the man in the uniform if there is any vehicle we can rent to drop the children off at the hotel."

Jack asks the man and he replies, "I do not have any vehicle. Sorry."

"Please help us, sir. These children are very young. Where will they go at this hour in the night?" Jack says.

"There is a large house up the hill. A lawyer and his wife live there. They have a car. You can ask them if they are willing to help," says the man.

"Okay, sir. Thanks a lot for your help," Jack says.

"My pleasure," the man says.

"Do we need to go up the stairs in front of the oak tree to reach the house?" Jack asks.

"Yes! Knock on the side door of the house. They do not use the front door," says the man.

"But will the car be enough to carry 12 children?" asks Rose.

"No." says the man. "It is a seven-seater. You will have to do two trips," says the man.

"Not a problem. Thank you once again," says Jack.

"But what about this train? When will the strike end?" asks Rose.

"I can't tell because this is a spontaneous strike. It can be two days or two weeks." shrugs the man.

"That's a long time! I have an event tomorrow!" Rose says.

"Yes, same for me. I think flying is the only option," Jack says.

"Yes," says Rose.

"Let's get to the hotel first," Jack says.

Rose, Jack, the teacher, and the children begin walking towards the lawyer's house.

3
THE TREK
WEATHER

Die Nacht ist dunkel, helle Sterne leuchten am **Himmel** und die Gruppe geht auf das Haus des Anwalts zu. Um sie herum ist alles ruhig. Jack geht voran, und die zwei Frauen und zwölf Kinder folgen ihm. Sie gehen etwa fünf Minuten lang eine gerade Straße entlang. Jack konzentriert sich auf die Straße, die beiden Damen sind damit beschäftigt, sich zu unterhalten, und die Kinder laufen schläfrig um sie herum.

„Das Wetter ist heute ungewöhnlicherweise sehr **kalt**, nicht wahr?", beginnt Jack.

"Genau. Es ist fast März, aber es fühlt sich an wie Januar", antwortet Rose.

„Den Kindern muss kalt sein!", antwortet die Lehrerin.

„Siehst du das weiße Haus da oben? Da müssen wir hin", sagt Jack.

Rose und die Lehrerin nicken.

„Die globale Erwärmung verursacht überall einen extremen **Klimawandel**. Auch der **Sommer** war letztes Jahr ziemlich **heiß**", sagt Rose.

„In Großbritannien werden die Sommer nicht so heiß. Italien ist heißer", sagt Jack.

"Oh ja! Aber der Sommer ist meine Lieblingsjahreszeit! Ich liebe die Farben, die Früchte, die Natur, den Sport und alles. Meine Familie und ich verbringen den Sommer in unserem Landhaus. Es macht viel Spaß", sagt Rose.

„Ich mag den Sommer auch. Meine Freunde und ich gehen angeln, surfen und machen noch viele andere Sportarten. Letzten Sommer waren wir auch beim Sommermusikfestival. Das Beste am Sommer sind die verschiedenen Brotaufstriche, die meine Großmutter für uns zubereitet", sagt Jack.

"Woher kommen Sie?", fragt Jack.

"Ich komme aus Spanien. Ich bin nicht so jung wie ihr beide. Der Sommer ist mir zu sonnig und **schwül** und der **Winter** zu kalt. Also bevorzuge ich **Frühling** und **Herbst**", antwortet die Lehrerin.

„Ich genieße auch den Winter wegen der Weihnachtszeit. Wir bleiben zu Hause warm und spielen am Kamin. Kinder spielen gerne mit dem Schnee", sagt Rose.

„Jede Jahreszeit ist auf ihre Weise gut, wenn wir uns dem Wetter anpassen können. Gottes Schöpfung ist wunderschön. Ich liebe die Natur im Allgemeinen", sagt die Lehrerin.

„Ich mag die meisten Jahreszeiten, aber ich hasse **Regen** und düsteres Wetter. Diese schwarzen **Wolken** und den ganzen Tag keine **Sonne** sind so deprimierend", sagt Jack.

„Es fühlt sich an, als würde ein **Sturm** aufziehen. Das Wetter ist in diesen Tagen so unberechenbar geworden. Ich hoffe, wir erreichen Berlin sicher und pünktlich. Mein Chef könnte mich sonst feuern", sagt Rose.

„Das Gelände ist etwas uneben. Bitte seid alle vorsichtig. Ich hoffe, wir erreichen Berlin schnell. Ich muss meine Meetings beenden und bald nach Großbritannien zurückkehren", sagt Jack.

"Das wünsche ich mir auch", sagt die Lehrerin. „Ich bin allein für das Wohlbefinden all dieser Kinder verantwortlich. Ich hoffe, ich kann sie sicher nach Hause bringen. Ihre Eltern müssen besorgt sein. Das Mobilfunknetz ist hier nicht stark genug, daher konnte ich niemanden über dieses plötzliche Ereignis informieren", fährt sie fort.

„Sie können versuchen, die Eltern über das Festnetz des Anwalts zu informieren. Ich bin sicher, er wird so freundlich sein, auszuhelfen", sagt Jack.

"Ja! Gute Idee! Danke dafür, Jack", freut sich die Lehrerin.

Plötzlich ertönt ein lauter Donner, Blitze schlagen am Himmel ein und es beginnt zu regnen. Ein starker, kühler Wind beginnt zu wehen.

"Es ist so **windig**! **Ich friere**! Beeilen wir uns!", sagt Rose.

Die Regentropfen sind eiskalt und die Kinder beginnen zu zittern. Sie haben keine Jacken, keine **Regenschirme**, keine Regenmäntel und keine Windjacken. Die Kinder bedecken ihre Köpfe mit ihren frühlings farbenen Taschen. Alle eilen den Hügel hinauf in Richtung des Hauses des Anwalts. Die **Temperatur** sinkt weiter und der Eisregen verwandelt sich in **Schnee**. Alle sind nass, als sie das Haus erreichen.

"Oh nein! Das Haus ist abgeschlossen!", sagt Jack.

"Was?! Was für ein schrecklicher Abschluss des heutigen Tages! Wo finden wir jetzt Unterschlupf?", sagt Rose und geht auf einen kleinen Baum am Straßenrand zu.

Niemand hat Antworten. Alles, was sie um sich herum sehen können, sind weite Wiesen und Felder. Alle machen sich Sorgen um die Kinder. Der Schnee fällt und die Kinder beginnen zu weinen.

SUMMARY

Jack, Rose, die Lehrerin und die zwölf Vorschulkinder gehen zum Haus des Anwalts, um sich sein Auto zu leihen, um zum Hotel zu fahren. Die Straße ist dunkel und still und das **Wetter** ist sehr kalt. Jack und Rose diskutieren die Auswirkungen der **globalen Erwärmung** auf das Klima auf der ganzen Welt. Die Lehrerin beteiligt sich auch an der Unterhaltung, und jeder erzählt von seiner Lieblingsjahreszeit. Sie sprechen auch über die Gründe, warum sie schnell Berlin erreichen wollen. Das Wetter ändert sich plötzlich und es beginnt stark zu regnen. Alle eilen schnell den Hügel hinauf, um im Haus des Anwalts Unterschlupf zu finden. Sie erreichen das Haus und sehen, dass die Tür verschlossen ist. Sie wissen nicht, was sie tun sollen und wohin sie als nächstes gehen sollen.

WORDS TO REMEMBER

1. **Himmel** - Sky
2. **Sommer** - Summer
3. **Winter** - Winter
4. **Frühling** - Spring
5. **Herbst** - Autumn
6. **Wolken** - Clouds
7. **Regen** - Rain

8. **Schnee** - Snow
9. **Heiß** - Hot
10. **Kalt** - Cold
11. **Schwül** – hot and humid weather
12. **Ich friere** – I'm freezing
13. **Temperatur** - Temperature
14. **Wetter** - Weather
15. **Regenschirm** - Umbrella
16. **Klimawandel** - Climate change
17. **Sonne** - Sun
18. **Erderwärmung** - Global warming
19. **Sturm** - Storm
20. **Windig** - Windy
21. **Sonnig** - Sunny

QUESTIONS

1. Wie ist das Wetter, als sie sich auf den Weg zum Haus des Anwalts machen?

- a. Heiß
- b. Schwül
- c. Warm
- d. Kalt

2. Wo verbringt Rose ihren Sommer?

- a. In ihrem Landhaus
- b. Im Haus ihrer Großmutter
- c. Im Haus ihrer Freundin
- d. Am Strand

3. Welche Jahreszeit hasst Jack?

- a. Sommer
- b. Regnerisch und düster
- c. Frühling
- d. Herbst

4. Aus welchem Land kommt die Lehrerin?

- a. Spanien
- b. Deutschland
- c. Italien
- d. Vereinigtes Königreich

5. Was benutzen die Kinder, um ihren Kopf vor dem Regen zu schützen?

- a. Regenschirme
- b. Ihre Hände
- c. Ihre Taschen
- d. Regenmäntel

ANSWERS

1. **d.** Kalt

2. **a.** In ihrem Landhaus
3. **a.** Winter
4. **a.** Spanien
5. **c.** Ihre Taschen

ENGLISH TRANSLATION

The night is dark, bright stars are shining in the sky and the group is walking towards the lawyer's house. Everything is quiet around them. Jack leads the way, and the two women and twelve children follow him. They walk down a straight road for about five minutes. Jack is focused on the road, the two ladies are busy chatting, and the children are sleepily walking around them.

"The weather is unusually very cold today, isn't it?" begins Jack.

"Exactly. It is almost March, but it feels like January," Rose replies.

"The children must be cold!" the teacher replies.

"You see the white house up there? That's where we have to go," Jack says.

Rose and the teacher nod.

"Global warming is causing extreme climate change everywhere. Summer too was quite hot last year," says Rose.

"Summers don't get so hot in the UK. Italy is hotter," says Jack.

"Oh, yes! But summer is my favorite season! I love the colors, the fruits, the outdoors, the sports and everything. My family and I spend the summer at our country home. It's a lot of fun," says Rose.

"I like summer too. My friends and I go fishing, surfing,

and also play a lot of other sports. Last summer, we also attended the summer music festival. The best part about summer has to be the different spreads that my grandmother prepares for us," Jack says.

"Where are you from, madam?" Jack asks.

"I'm from Spain. I am not as young as you both. Summers are too sunny and humid for me and winters are too cold. So, I prefer spring and autumn," the teacher answers.

"I also enjoy winter because of the Christmas season. We stay warm at home and play games around the fireplace. Kids enjoy playing with the snow," says Rose.

"Every season is good in its own way if we can adapt ourselves to the weather. God's creation is beautiful. I love nature in general," says the teacher.

"I like most seasons, but I hate rain and gloomy weather. Those black clouds and no sun all day are so depressing," Jack says.

"It feels like a storm is approaching. The weather has become so unpredictable these days. I hope we reach Berlin safely and on time. My boss might fire me otherwise," Rose says.

"The terrain is a little uneven ahead. Please be careful, all of you. I hope we reach Berlin fast. I need to finish my meetings and go back to the UK soon," Jack says.

"I wish the same." says the teacher. "I'm solely responsible to take care of all these children. I hope I can take them back home safely. Their parents must be worried. The mobile phone network isn't strong enough here, so I haven't been able to inform any of them about this sudden occurrence," she continues.

"You can try using the landline at the lawyer's house to let the parents know. I'm sure he'll be kind enough to help," Jack says.

"Yes! Good idea! Thank you for that, Jack," says the teacher happily.

All of a sudden, a loud thunder is heard, lightning strikes in the sky and it starts raining. Strong cool winds begin to blow.

"It's so windy! I'm freezing! Let's hurry up!" Rose says.

The raindrops are icy cold, and the children start shivering. They have no jackets, no umbrellas, no raincoats, and no windbreakers. The children cover their heads with their spring color bags. All of them rush up the hill in the direction of the lawyer's house. The temperature falls further and freezing rain turns into snow. Everyone is wet by the time they reach the house.

"Oh, no! The house is locked!" says Jack.

"What?! What a terrible way to end this day! Where do we go for shelter now?" Rose says moving towards a small tree on the side of the road.

Nobody has answers. All they can see around them are vast stretches of open grasslands and farms. They are all worried about the children. The snow falls down and the children begin to cry.

4
THE GARAGE
DAYS OF THE WEEK & PARTS OF THE DAY

Fünfzehn Minuten später lässt der Schnee nach. Alle Kinder und die drei Erwachsenen warten in der Garage neben dem Haus des Anwalts. In der Garage stehen keine Autos. Drinnen ist es warm und die Gruppe fühlt sich dort wohl. Die Lehrerin und ihre Vorschulkinder schlafen fest auf ein paar Bänken in einer Ecke. Jack und Rose sind wach. In der Garage steht nur ein kleiner Hocker, auf dem Rose sitzt. Jack steht auf der anderen Seite und lehnt an der Wand.

„Ist das die Garage des Anwalts?", fragt Rose.

„Sollte es sein, aber ich glaube, er nutzt es nicht für seine Autos", antwortet Jack.

"Ja. Ich glaube, er benutzt es für die Arbeit."

„Es sieht nicht nach einem richtigen Büro aus", sagt Jack.

„Ich verstehe den Satz an der Wand hinter dir nicht. Ich frage mich, warum sie ihn dort angebracht haben."

Jack dreht sich um, um den Satz an der Wand zu lesen. An der Wand hängt ein sehr großer Holzrahmen, auf den sieben in verschiedene Formen geschnittene Papierstücke geklebt wurden. Zwei davon sind quadratisch, zwei rund, einer hat die Form eines Diamanten, einer hat die Form einer Blume und der letzte ist ein Stern. "**Morgen** darf mein Dackel freche Salamander suchen" sind die sieben Worte, die auf den sieben Zetteln stehen. Jack schaut auf den Rahmen und liest den Satz laut vor.

„Das ist ziemlich seltsam", fügt er hinzu.

"Genau! Das sieht überhaupt nicht wie eine Anwaltskanzlei aus", sagt Rose.

„Wenn diese Garage wirklich dem Anwalt gehört, muss hinter diesem Satz eine Bedeutung stecken."

„Ja, Jack. Du hast Recht! Aber was kann dieser Satz bedeuten?"

„Ähm… Vielleicht ist es ein Geheimcode?"

„Was bedeutet das?"

" Schau dir den Satz genau an. Der erste Buchstabe jedes Wortes wird groß geschrieben."

"Oh ja! Vielleicht beziehen sich die Wörter also auf sieben Dinge", sagt Rose.

"Welche Dinge?", fragt Jack.

„Die sieben Farben des Regenbogens?", sagt Rose.

„Die erste Farbe des Regenbogens ist Violett, aber hier gibt es kein ‚V'."

"Ah! Richtig! Was könnte es sonst sein?"

„Unter jedem Wort steht etwas. Kannst du sehen, was es ist, Rose?"

"Ja. Es sind Zahlen."

"Ich habe es verstanden! Dies sind Codes für die sieben Tage der Woche.", sagt Jack.

"Wie?"

„‚Morgen darf mein' steht für die ersten drei Tage der Woche", sagt Jack.

„Du meinst ‚Morgen' für **Montag**, ‚darf' für **Dienstag** und ‚mein' für **Mittwoch**?"

"Ganz genau! Die nächsten beiden Wörter stehen für **Donnerstag** und **Freitag**."

„‚Dackel' für Donnerstag und ‚freche' für Freitag", sagt Rose.

„Das sind also die ersten fünf Tage der Woche. Ich bin mir sicher, du kennst die Bedeutung der letzten beiden."

"Ja! ‚Salamander' für **Samstag** und ‚suchen' für **Sonntag**."

"Perfekt!"

„Du bist ein Genie, Jack!"

"Das ist noch nicht alles. Schau mal da", sagt Jack.

"Was?"

„Die Uhr an dieser Wand. **Gestern** ist vorbei und heute ist ein neuer Tag. Wir müssen **heute** in Berlin sein und sind immer noch in einer unbekannten Garage in dieser abgelegenen Gegend Italiens."

„Ist es schon **Morgen**? Die Zeit ist wie im Flug vergangen."

„Es wird bald **Nachmittag** und dann **Abend** sein. Ich muss mich heute Abend mit meinem Kunden treffen. Gott weiß, was geschehen wird."

"Oh ja! Und auch meine Ausstellung beginnt heute. Es gibt so viele Vorbereitung, die ich vorher treffen muss. Dieser Schnee scheint nicht so schnell aufzuhören. Wie werden wir weiterreisen?", fragt Rose.

„Ich denke, wir sollten diesen Ort so schnell wie möglich verlassen. Der Anwalt und seine Frau sind nicht zu Hause, schätze ich. Wie lange sollen wir hier warten?"

„Sobald der Schnee aufhört, können wir zum Hotel laufen arrangieren, wie wir nach Berlin kommen. Aber was ist mit den Kindern? Der Grund, warum wir hierher gekommen sind, war nur, weil sie nicht so weit laufen können", sagt Rose.

„Du hast Recht, Rose, aber ich werde meinen Job

verlieren! Wenn es dir nichts ausmacht, hier bei den anderen zu bleiben, kann ich zum Hotel laufen und für uns alle Flugtickets nach Berlin buchen. Dann komme ich mit dem Taxi hierher zurück und wir können zusammen zum Flughafen fahren. Was denkst du?", schlägt Jack vor.

"Klingt gut. Vielen Dank, Jack. Lass mich dir etwas Geld für das Ticket geben."

"Keine Bange! Ich nehme es, nachdem ich die Buchung gemacht habe."

„Okay", sagt Rose, und Jack geht.

„Bis zum **Mittag** bin ich wieder da", sagt er von der Tür aus.

„Versuche, einen Flug zu buchen, der uns um **Mitternacht** nach Berlin bringt", sagt Rose.

„Ich hoffe, dass vom nahegelegenen Flughafen **jeden Tag** Flüge nach Berlin gehen. Es muss ein kleiner Flughafen sein."

„Ich denke, es wird an Werktagen mindestens einen pro Tag geben und am **Wochenende** vielleicht weniger."

"Mal sehen. Ich werde bald wieder da sein. Pass auf dich auf. Tschüss."

―――――

SUMMARY

Die Reisegruppe, bestehend aus Jack, Rose, der Lehrerin und den Vorschulkindern, befindet sich in einer Garage in der Nähe des Hauses des Anwalts. Draußen schneit es und sie warten auf die Rückkehr des Anwalts. Während die Lehrerin und ihre Vorschulkinder schlafen, verbringen Jack und Rose ihre Zeit damit, ein Rätsel an der Wand zu lösen. Plötzlich stellen sie fest, dass es bereits Morgen ist und der Anwalt noch nicht zurückgekehrt ist. Jack beschließt, alleine zum Hotel zu gehen, um für alle Flugtickets nach Berlin zu besorgen.

WORDS TO REMEMBER

1. **Montag** - Monday
2. **Dienstag** - Tuesday
3. **Mittwoch** - Wednesday
4. **Donnerstag** - Thursday
5. **Freitag** - Friday
6. **Samstag** - Saturday
7. **Sonntag** - Sunday
8. **Heute** - Today
9. **morgen** - Tomorrow
10. **Gestern** - Yesterday
11. **Morgen** - Morning
12. **Nachmittag** - Afternoon
13. **Abend** - Evening
14. **Heute Abend** - Tonight
15. **Mittag** - Midday
16. **Mitternacht** - Midnight
17. **Tage der Woche** - Days of the week
18. **Werktage** - Weekdays
19. **Wochenenden** - Weekends
20. **Täglich** – Every day

QUESTIONS

1. Wo wartet die Reisegruppe?

- a. Auf dem Bauernhof
- b. Am Strand
- c. Am Bahnhof
- d. In der Garage

2. Was machen die Lehrerin und ihre Vorschulkinder?

- a. Essen
- b. Spielen
- c. Schlafen
- d. Studieren

3. Was sieht Rose an der Wand?

- a. Eine Spinne
- b. Einen Holzrahmen
- c. Ein Regal
- d. Ein Gemälde

4. Was liest Jack an der Wand?

- a. Morgen darf mein Dackel freche Salamander suchen.

- b. Morgen darf mein Dackel große Schnecken suchen.
- c. Mein Lehrer sucht mit Sarah seinen Dackel.
- d. Mein Lehrer hat einen jungen Dackel.

5. Was ist die Lösung des Rätsels?

- a. Die sieben Farben des Regenbogens
- b. Die sieben Tage der Woche
- c. Sieben Verse aus der Bibel
- d. Die Namen der sieben Kontinente

ANSWERS

1. **d.** In der Garage
2. **c.** Schlafen
3. **b.** Einen Holzrahmen
4. **a.** Morgen darf mein Dackel freche Salamander suchen.
5. **b.** Die sieben Tage der Woche

ENGLISH TRANSLATION

Fifteen minutes later, the snow is slowing down. All the children and the three adults wait in the garage near the lawyer's house. There are no cars in the garage. It is warm inside and the group is comfortable there. The teacher and her students are fast asleep on a couple of benches in one corner. Jack and Rose are awake. There is only one small stool in the garage, and Rose is seated on it. Jack stands on the other side, leaning against the wall.

"Is this the lawyer's garage?" Rose asks.

"It should be, but I think he doesn't use it for his cars," Jack replies.

"Yes. I think he uses it for work."

"It doesn't look like a proper office," says Jack.

"I don't understand that sentence on the wall behind you. I wonder why they have put it here."

Jack turns around to look at the sentence on the wall. There is a very large wooden frame on the wall, and on it are stuck seven pieces of paper cut in different shapes. Two of them are square, two are round, one is in the shape of a diamond, one is flower-shaped and the final one is a star. "My Third Wife Talks French So Sweetly" are the seven words written on the seven pieces of paper. Jack looks at the frame and reads the sentence aloud.

"This is quite strange," he adds.

"Exactly! This doesn't look like a lawyer's office at all," Rose says.

"If this garage really belongs to the lawyer, there must be a meaning behind this sentence."

"Yes, Jack. You're right! But what can this sentence mean?"

"Uhm… Maybe it's a secret code?"

"That means what?"

"No. Look at the sentence closely. The first letter of every word is capitalized."

"Oh, yes! So, maybe the words refer to seven things," Rose says.

"What things?" Jack says.

"The seven colors of the rainbow?" says Rose.

"The first color of the rainbow is violet, but there isn't a 'V' here."

"Ah! Right! What else could it be?"

"There is something written under each word. Are you able to see what it is, Rose?"

"Yes. They are numbers."

"I got it! These are code for the seven days of the week." Jack says.

"How?"

"'My Third Wife' stands for the first three days of the week," Jack says.

"You mean 'My' for Monday, 'Third' for Tuesday, and 'Wife' for Wednesday?"

"Absolutely! The next two words stand for Thursday and Friday."

"'Talks' for Thursday and 'French' for Friday," says Rose.

"So these are the first five days of the week. I'm sure you know the last two."

"Yes! 'So' for Saturday and 'Sweetly' for Sunday."

"Perfect!"

"You are a genius, Jack!"

"That's not all. Look there," Jack says.

"What?"

"The clock on that wall. Yesterday is gone and this is a new day. We have to be in Berlin today and we are still in some unknown garage in this remote corner of Italy."

"Is it morning already? Time has just flown by."

"It will soon be afternoon and then evening. I have to meet my client tonight. God knows what's going to happen."

"Oh yes! And my exhibition also starts today. There is so much preparation I need to do before that happens.

This snow doesn't seem to stop any time soon. How are we going to travel?" Rose says.

"I think we should leave this place as soon as possible. The lawyer and his wife are not in town, I guess. How long are we going to wait here?"

"As soon as the snow stops, we can walk to the hotel and arrange a way for us to get to Berlin. But what about these children? The reason we came here was only that they couldn't walk such a long distance," Rose says.

"You are right, Rose, but I will lose my job! If you don't mind staying here with these people I can go to the hotel and book flight tickets to Berlin for all of us. Then I will come back here in a cab and we can go to the airport together. What do you think?" Jack suggests.

"Sounds good. Thank you so much, Jack. Let me give you some money for the ticket."

"No worries! I'll take it after I've done the booking."

"Okay," Rose says and Jack departs.

"I will be back by midday," he says from the doorway.

"Try to book a flight that'll get us to Berlin by midnight," Rose says.

"I hope there are flights to Berlin every day from the airport nearby. It must be a small airport."

"I think there will be at least one per day on weekdays and maybe fewer on weekends."

5
THE HOTEL
MONTHS & TELLING TIME

Es ist 6 Uhr **morgens** und Jack ist auf dem Weg zum Hotel. Es schneit nicht mehr, aber das Wetter ist sehr kalt. Die Sonne ist aufgegangen und der Morgen ist wunderschön. Auf Jacks Handy blinkt eine Erinnerung auf: "Kaufen Sie ein Geschenk für Kathryns Geburtstagsfeier am 28. **Februar** 2022."

"Oh Gott! Das musste ich heute in Berlin erledigen!", denkt Jack.

Er geht den Hügel hinunter und erreicht die Stelle, an der der Zug hielt.

"Guten Morgen!", sagt der Mann in Uniform zu Jack.

"Oh! Hallo! Gibt es irgendwelche Neuigkeiten über den Streik?", fragt Jack.

„Sie sagen, er wird noch weitere 72 **Stunden** anhalten. Es ist diesmal ein langer Streik. Haben Sie den Anwalt angetroffen?", fragt der Mann in Uniform.

"Nein. Er ist nicht in der Stadt, schätze ich. Sein Haus ist verschlossen."

"Oh, tatsächlich? Entschuldigen Sie die Umstände. Das wusste ich nicht. Während der ersten drei **Monate** des **Jahres** reist der Rechtsanwalt in der Regel nicht.

Seine Mutter kommt Mitte **Januar** aus Frankreich zu ihm nach Hause und bleibt bis Ende **März** hier. So ist er immer bei ihr zu Hause. Während der anderen Monate des Jahres ist seine Frau immer zu Hause, auch wenn er nicht da ist. Die einzige Zeit, in der sein Haus verschlossen ist, ist im **September** und **Oktober**. Der Rechtsanwalt und seine Frau fahren um diese Zeit in den Urlaub."

"Kein Problem. Vielleicht musste er dienstlich verreisen", sagt Jack.

"Wohin gehen Sie jetzt?", fragt der Mann.

„Ich gehe ins Hotel, um Flugtickets für uns alle zu buchen. Ich habe heute Abend ein Meeting, und es ist sehr wichtig für mich, dort zu sein."

"Folgen Sie mir. Ich helfe Ihnen", sagt der Mann.

"Das ist sehr nett von Ihnen. Vielen, vielen Dank", sagt Jack und sie gehen los.

„Die letzten drei Monate waren sehr schlecht für die Bahn. Wir hatten letzten **November** einen Streik, und alle Züge standen zwei Tage lang still. Dann im **Dezember** gab es zu viel Schneefall und das beeinträchtigte die Fahrpläne. Im Januar kam es zu einem Zugunglück. Glücklicherweise kam niemand ums Leben und es gab nur wenige Verletzte. Und jetzt gibt es wieder einen Streik. Ich hoffe, dass März, **April** und **Mai** ohne Probleme verlaufen."

Jack nickt.

„Wenn ich mich recht erinnere, gibt es einen Flug nach Berlin **um acht Uhr** morgens und einen weiteren **um sechzehn Uhr dreißig**. Sie sind zu spät für den ersten, aber ich denke, Sie können den **zweiten** nehmen."

"Unbedingt! Es wäre großartig, wenn ich den Flug um 16.30 Uhr nehmen könnte", sagt Jack.

„Es ist jetzt **Viertel vor sieben**. Wir sind in zehn

Minuten im Hotel. Die Rezeptionistin wird uns bei der Buchung behilflich sein."

„Wie lange arbeiten Sie schon bei der Bahn?", fragt Jack.

„Ich habe im **Juni** 2018 angefangen. Es sind also dreieinhalb Jahre vergangen."

„Das ist eine ziemlich lange Zeit!"

„Ja, und ich habe mir in dieser Zeit kaum einmal eine Auszeit genommen. Ich habe letztes Jahr im **Juli** und **August** nur eine zweimonatige Pause gemacht, als ich mich einer Rückenoperation unterziehen musste."

"Wie geht es Ihrem Rücken jetzt?", fragt Jack.

„Es ist jetzt viel besser. Vielen Dank. Da ist das Hotel. Sehen Sie das rote Gebäude da drüben?"

"Ja. Es hat nicht lange gedauert!"

Der Mann lacht. Sie erreichen das Hotel und gehen zur Rezeption.

„Guten Morgen meine Herren, wie kann ich Ihnen helfen?", sagt die Rezeptionistin.

"Morgen! Dieser junge Mann muss Flugtickets nach Berlin buchen. Können Sie uns helfen?" sagt der Mann.

"Selbstverständlich! Bitte nehmen Sie Platz",

sagt die Rezeptionistin und dreht sich zu ihrem Computer um.

Die beiden Männer setzen sich ihr gegenüber.

„In Ordnung, wann möchten Sie reisen?", fragt sie.

„Heute, mit dem frühestmöglichen Flug", antwortet Jack.

"Okay. Und Sie möchten nach Berlin reisen, habe ich Recht?", fragt die Rezeptionistin.

"Ja. Ich würde einen Direktflug bevorzugen, da ich nicht viel **Zeit** habe", sagt Jack.

"Okay. Heute gibt es zwei Flüge. Einer geht **fünfzehn Minuten nach acht**, was in etwa einer **Stunde** ist. Und der andere ist um 19 Uhr. Beide fliegen direkt nach Berlin."

„Gibt es nicht einen früheren Flug?", fragt Jack.

"Früher gab es einen um 16.30 Uhr. Was ist mit diesem Flug?", fragt der Mann in Uniform die Rezeptionistin.

" Die Fahrpläne haben sich geändert. Zu dieser **Zeit** gibt es keinen Flug mehr", antwortet die Rezeptionistin.

"Was machen Sie jetzt?", fragt der Mann in Uniform Jack.

„Ich denke, ich nehme einfach den um 19 Uhr. Mir bleibt keine andere Wahl", beschließt Jack und zieht seine Kreditkarte aus der Brieftasche.

„Sie möchten also ein Ticket für den Flug nach Berlin um 19 Uhr, richtig?", fragt die Empfangsdame.

"Nein. Es reisen noch mehr Leute mit. Ich brauche insgesamt fünfzehn Tickets, einschließlich meinem", sagt Jack.

„Okay, eine **Sekunde**, bitte. Lassen Sie mich nachsehen, ob fünfzehn Tickets verfügbar sind."

Die Rezeptionistin bestätigt die Verfügbarkeit der Tickets, und die Buchung für Jack und den Rest seiner Reisegruppe ist erledigt.

SUMMARY

Jack ist auf dem Weg zum Hotel, um einen Flug nach Berlin zu buchen. Unterwegs begegnet er dem Mann in Uniform, der ihm seine Hilfe anbietet. Beide gehen zum Hotel und buchen mit Hilfe der Rezeptionistin die Tickets nach Berlin.

WORDS TO REMEMBER

1. **Januar** - January
2. **Februar** - February
3. **März** - March
4. **April** - April
5. **Mai** - May
6. **Juni** - June
7. **Juli** - July
8. **August** - August
9. **September** - September
10. **Oktober** - October
11. **November** - November
12. **Dezember** - December
13. **Monate** - Months
14. **Jahr** - Year
15. **Stunde** - Hour
16. **Minuten** - Minutes
17. **Sekunde** - Second
18. **Sechzehn Uhr dreißig** - Half past four in the afternoon
19. **Viertel vor sieben** - Quarter to seven
20. **Acht Uhr** - Eight o'clock
21. **Fünfzehn Minuten nach acht** - Fifteen minutes past eight
22. **Zeit** - Time

QUESTIONS

1. Wie kommt Jack zum Hotel?

- a. Mit dem Auto
- b. Mit dem Bus
- c. Mit dem Zug
- d. Er läuft hin

2. Wer besucht den Anwalt von Januar bis März?

- a. Seine Mutter
- b. Sein Vater
- c. Sein Bruder
- d. Seine Schwester

3. Welche Farbe hat das Hotel?

- a. Weiß
- b. Rot
- c. Gelb
- d. Braun

4. Wer bucht die Flugtickets für Jack?

- a. Die Rezeptionistin
- b. Sein Freund
- c. Sein Kollege
- d. Der Rechtsanwalt

5. Wie viele Tickets bezahlt Jack?

- a. Eins
- b. Zwei
- c. Zwölf
- d. Fünfzehn

―――

ANSWERS

1. **d.** Er läuft hin
2. **a.** Seine Mutter
3. **b.** Rot
4. **a.** Die Rezeptionistin
5. **d.** Fünfzehn

―――

ENGLISH TRANSLATION

The time is 6 a.m., and Jack starts walking towards the hotel. It's no longer snowing, but the weather is very cold. The sun has risen, and the morning is beautiful. A reminder flashes on Jack's phone. Buy a gift for Kathryn's birthday party on February 28th, 2022.

"Oh god! I had to do this today in Berlin!" Jack thinks.

He walks down the hill and reaches the spot where the train stopped.

"Good morning!" the man in the uniform says to Jack.

"Oh! Hello! Any news about the strike?" Jack says.

"They say it will go on for another 72 hours. It's a long

one this time. Did you manage to meet the lawyer?" the man in the uniform asks.

"No. He is not in town, I guess. His house is locked."

"Oh, is it? Sorry for the trouble. I was not aware of this. The lawyer usually doesn't travel during the first three months of the year. His mother comes over to his house from France in mid-January and stays here until the end of March. So he's always at home with her. During the other months of the year, his wife is always at home even if he's not. The only time when his house is locked is in September and October. The lawyer and his wife go for a vacation at that time."

"No problem. Maybe he had to travel for work," says Jack.

"Where are you going now?" asks the man.

"I'm going to the hotel to book flight tickets for all of us. I have a meeting this evening, and it's very important for me to be there."

"Come on with me. I'll help you," says the man.

"That's really kind of you. Thank you so much," Jack says and they start walking.

"The last three months have been very bad for the railways. We had a strike last November and all train services were on halt for two days. Then in December, there was too much snowfall and that affected train schedules. In January, there was a train accident. Fortunately, no one lost their life and there were few injuries. And now there's another strike. I hope March, April, and May go without any problems."

Jack nods.

"If I remember correctly, there is one flight to Berlin at half-past four and another at eight o'clock in the morning. You are late for the morning one, but I think you can take the second one."

"Absolutely! It will be great if I can take the 4:30 flight," says Jack.

"It's quarter to 7 now. We will be at the hotel in ten minutes. The receptionist will be able to help us with the bookings."

"Since how long have you been working for the railways?" Jack asks.

"I joined in June 2018. So it has been three years and a half."

"That's quite a long time!"

"Yes, and I have barely taken any time off through this period. I only took a two-month break last year in July and August when I had to undergo back surgery."

"How is your back now?" Jack asks.

"It's much better now. Thank you. There's the hotel. You see the red building over there?"

"Yes. It didn't take that long!"

The man laughs. They reach the hotel and walk up to the desk of the receptionist.

"Good morning gentlemen, how can I help you?" the receptionist says.

"Morning! This young gentleman needs to book some flight tickets to Berlin. Can you help us?" says the man.

"Sure sir! Please take a seat," the receptionist says and turns towards her computer.

The two men sit down opposite her.

"All right, so when would you like to travel?" she asks.

"Today, on the earliest possible flight," Jack replies.

"Okay. And you would like to travel to Berlin, am I right?" the receptionist asks.

"Yes. I would prefer a direct flight as I do not have much time," says Jack.

"Okay. So there are two flights today. One is at 15 minutes past 8, which is in just about an hour from now.

And the other one is at 7 p.m. Both of these fly directly to Berlin."

"Isn't there an earlier flight?" Jack asks.

"There used to be one at 4:30 p.m., what about that flight?" the man in the uniform asks the receptionist.

"No sir. The schedules have changed. There aren't any at that time." replies the receptionist.

"What would you like to do?" the man in the uniform asks Jack.

"I think I'll just take the 7 p.m. one. I don't have any other choice," Jack decides and pulls out his credit card from his wallet.

"So you want one ticket to Berlin by the 7 p.m. flight tonight, am I right?" asks the receptionist.

"No. There are a few more people traveling with me. I need fifteen tickets in total, including mine," Jack says.

"Okay, just a second. Let me check if fifteen tickets are available."

The receptionist confirms the availability of the tickets and the bookings are done for Jack and the rest of his traveling party.

6

THE FARM
FOOD & MEALS

Jack und der Mann in Uniform verlassen das Hotel. Jack sieht glücklich aus. Er hat die Tickets in der Hand.

"Haben Sie Lust auf ein gutes **Frühstück**?", fragt der Mann Jack.

"Sicher! Ich bin sehr hungrig. Wir hatten gestern in all dem Chaos nicht einmal ein **Abendessen**", sagt Jack.

„Ach du meine Güte! Das ist sehr schade! Ich bringe Sie in ein nettes **Restaurant**. Sie werden das **Essen** dort mögen."

"Prima! Lassen Sie uns gehen!", sagt Jack.

„Sie haben von Montag bis Samstag den ganzen Tag geöffnet, aber sonntags haben sie den ganzen Tag geschlossen und nur zum Abendessen geöffnet. Ich bin sehr oft dort."

„Um wie viel Uhr öffnen sie morgen?", fragt Jack.

„Bei schönem Wetter öffnen sie in der Regel um 7 Uhr morgens. Da es die ganze Nacht geschneit hat, werden wir sehen, wie es heute ist."

„Welches **Gericht** auf der **Speisekarte** mögen Sie am liebsten?", fragt Jack.

„Ähm... Ich mag die Pizza am liebsten. Sie verwenden frisches **Gemüse** direkt vom Bauernhof. Es ist lecker!"

„Züchten sie ihr eigenes Gemüse?", fragt Jack interessiert.

"Oh ja! Sie haben eine riesige Farm und bauen eine Vielzahl von Gemüse und **Obst** an. Sie produzieren auch ihre eigenen Milchprodukte wie **Milch**, Käse, Joghurt und Butter", erklärt der Mann.

"Wow! Klingt fantastisch! Backen sie auch ihr eigenes **Brot**?", fragt Jack.

„Ja, das tun sie. Ihre Marmelade ist auch sehr lecker."

„Sie haben Marmelade? Ich liebe Marmelade zum Frühstück."

„Sie haben Erdbeermarmelade. Sie sind eine vierköpfige Familie: ein Ehepaar und ihre Zwillingstöchter. Sie führen das Restaurant und den Bauernhof."

„Erntefrisch", liest Jack von einer Tafel ein paar Schritte entfernt. „Ist das hier das Restaurant?", fragt er.

"Ja!", antwortet der Mann.

Sie gehen hinein und der Gastwirt begrüßt sie.

"Hallo!" Der Mann in Uniform begrüßt den Gastwirt. "Haben Sie geöffnet?"

„Ja, haben wir! Bitte kommen Sie herein", antwortet der Gastwirt.

"Wunderbar! Können wir einen Tisch für zwei haben? ", sagt der Mann.

"Sicher!", antwortet der Gastwirt und begleitet sie zum Tisch.

Jack und der Mann danken dem Gastwirt und nehmen Platz. Das Restaurant ist schön und geräumig. Es ist ziemlich leer. Nur ein anderer Tisch ist besetzt, an dem ein alter Mann mit einer Tasse **Tee** und einer Zeitung sitzt. Sowohl Jack als auch sein Begleiter nehmen sich die vor ihnen platzierte Speisekarte und beginnen, sie zu überfliegen.

"Was möchten Sie trinken?", fragt der Mann Jack. „Ich werde mir einen **Kaffee** bestellen."

„Ich kann hier nichts lesen oder verstehen. Haben sie keine englische Speisekarte?", fragt Jack.

"Oh! Sprechen Sie kein Italienisch?"

"Gar nicht. Ich bin Brite."

"Aha. Dies ist nur ein kleines Dorf und es kommen keine Touristen hierher. Sie haben also nur eine Speisekarte. Keine Sorge, ich helfe Ihnen", sagt der Mann in Uniform zu Jack.

"Gut. Vielen Dank", antwortet er.

„Möchten Sie lieber Tee, Kaffee, **Milch** oder etwas **Saft** trinken?"

„Haben sie so etwas wie eine kontinentale Frühstücksplatte?", fragt Jack.

„Ja, das haben sie", antwortet der Mann.

"Großartig! Das nehme ich", sagt Jack und beide geben ihre Bestellung auf. Der Mann bestellt sich Frühstücksflocken und eine Obstschale.

„Die Vögel dort müssen die **Tomaten** genießen", sagt Jack.

„Einige Insekten und Vögel richten im Garten wirklich Chaos an. Ich habe letzten Sommer viele meiner Gurken und auch **Salat** durch Schädlinge verloren."

„Haben Sie auch eine Farm?", fragt Jack.

"Nein. Meine Großmutter und ich bauen sie in unserem Garten zu Hause an."

"Das ist schön! Meine Mutter baut auch **Kartoffeln**, **Zwiebeln** und **Karotten** an, aber sie interessiert sich mehr für Blumen", sagt Jack.

„Ihr Garten muss so bunt sein wie meine Obstschale", bemerkt der Mann, als das Frühstück der beiden gebracht und auf den Tisch gestellt wird.

Jack lächelt und betrachtet die **Früchte**. Er sieht eine

große Schüssel mit geschnittenem **Apfel**, Papaya, Wassermelone, Beeren und **Weintrauben**. Sie sehen schön aus. Der Besitzer stellt **Salz**, **Zucker** und eine Flasche **Wasser** auf den Tisch.

"**Guten Appetit**!" Der Gastwirt wendet sich an Jack und sagt: „Ich glaube, Sie besuchen uns zum ersten Mal. Möchten Sie unsere **Suppe** probieren? Sie ist unser Markenzeichen."

"Vielleicht ein anderes Mal. Danke", sagt Jack.

„Wir haben eine Vielzahl neuer **Sandwiches**, **Fleisch**gerichte und **Kuchen** zum **Mittagessen** in unsere Speisekarte aufgenommen. Bitte besuchen Sie uns wieder", sagt der Gastwirt.

„Sicher", antwortet der Mann in Uniform und schneidet mit **Messer und Gabel** ein Stück **Wassermelone** ab.

„Möchten Sie noch etwas Anderes bestellen?", fragt der Gastwirt.

"Nein, danke", sagt Jack.

„Ich auch nicht. Könnten Sie bitte die **Rechnung** fertigmachen?", sagt der Mann in Uniform.

„Ja, selbstverständlich", sagt der Gastwirt und geht.

———

SUMMARY

Der Mann in Uniform nimmt den hungrigen Jack zum Frühstück in ein Restaurant auf einem Bauernhof. Sie sprechen über die Restaurantbesitzer und ihre Farm, aber auch über ihre eigenen Gärten.

———

WORDS TO REMEMBER

1. **Restaurant** – Restaurant
2. **Guten Appetit** – Enjoy your meal
3. **Essen** – Food
4. **Frühstück** – Breakfast
5. **Mittagessen** – Lunch
6. **Abendessen** – Dinner
7. **Speisekarte** – Menu
8. **Messer und Gabel** – Knife and Fork
9. **Rechnung** – Bill
10. **Suppe** – Soup
11. **Fleisch** – Meat
12. **Salat** – Salad
13. **Sandwiches** – Sandwiches
14. **Kuchen** – Cake
15. **Salz**   Salt
16. **Zucker** – Sugar
17. **Brot** – Bread
18. **Milch** – Milk
19. **Tee** – Tea
20. **Kaffee** – Coffee
21. **Wasser** – Water
22. **Saft** – Juice
23. **Apfel** – Apple
24. **Tomaten** – Tomatoes
25. **Kartoffeln** – Potatoes
26. **Karotten** – Carrots
27. **Zwiebeln** – Onions
28. **Weintrauben** – Grapes
29. **Wassermelone** – Watermelon
30. **Papaya** – Papaya
31. **Früchte** – Fruits

32. **Gemüse** – Vegetables
33. **Gericht** – Dish

QUESTIONS

1. Wohin bringt der Mann in Uniform Jack?

- a. Zum Lebensmittelgeschäft
- b. Zum Museum
- c. Zum Restaurant
- d. Zum Café

2. Wo befindet sich das Restaurant?

- a. Auf dem Bauernhof
- b. Am Strand
- c. Auf dem Hügel
- d. Im Wald

3. Welche der folgenden Aussagen ist richtig?

- a. Jack ist krank
- b. Jack hat Hunger
- c. Jack ist wütend
- d. Jack kann nicht laufen

4. Wann öffnet das Restaurant am Sonntag?

- a. Es ist den ganzen Tag geöffnet
- b. Es öffnet um 7 Uhr morgens.
- c. Es öffnet zum Mittagessen
- d. Es öffnet zum Abendessen

5. Was ist das Markenzeichen des Restaurants?

- a. Sandwich
- b. Die Obstschale
- c. Suppe
- d. Kuchen

ANSWERS

1. **c.** Zum Restaurant
2. **a.** Auf dem Bauernhof
3. **b.** Jack hat Hunger
4. **d.** Es öffnet zum Abendessen
5. **c.** Suppe

ENGLISH TRANSLATION

Jack and the man in the uniform walk out of the hotel. Jack looks happy. He has tickets in his hand.

"Would you like to join me for breakfast?" the man asks Jack.

"Sure! I'm very hungry. We didn't even have dinner last night in the middle of all the chaos," Jack says.

"Oh, lad! That's too bad! I'll take you to a nice restaurant. You will love the food there,"

"Lovely! Let's go!" Jack says.

"They are open all day from Monday through Saturday, but on Sundays, they are closed all day and open only for dinner. I go there very often."

"What time do they open in the morning?" Jack asks.

"They usually open at 7 a.m. when the weather is good. Since it snowed all night, let's check."

"What's your favorite dish on their menu?" Jack asks.

"Uhm… I like their pizza the most. They use fresh vegetables straight from the farm. It's delicious!"

"Do they grow their own vegetables?" Jack asks, interested.

"Oh yes! They have a huge farm and they grow a variety of vegetables and fruits. They also produce their own dairy products such as milk, cheese, yogurt, and butter," the man explains.

"Wow! Sounds amazing! Do they also make their own bread?" Jack asks.

"Yes, they do. Their jam too is very tasty."

" Do they have jam? I love jam for breakfast."

"They have strawberry jam. They are a family of four, a couple and their twin daughters. They manage the restaurant, as well as the farm."

"Farm Fresh," Jack reads from a board a few steps away. "Is this the one?" he asks.

"Yes!" the man replies.

They walk in and the owner greets them.

"Hello!" the man in the uniform greets the owner. "Are you open?"

"Yes, very much so! Please come in," the owner replies.

"Wonderful! Can we have a table for two?" the man says.

"Sure!" the owner replies and escorts them to the table.

Jack and the man thank the owner and take their seats. The restaurant is nice and spacious. It is fairly empty with just one other occupied table where an old man is seated with a cup of tea and a newspaper. Both Jack and his companion pick up the menu placed in front of them and begin scanning it.

"What would you like to drink?" the man asks Jack. "I'm going to order a coffee for myself."

"I can't read or understand anything here. Don't they have an English menu?" Jack asks.

"Oh! Don't you speak Italian?"

"Not at all. I'm British."

"I see. This is only a small village and no tourists come here. So they only have one menu. No worries, I will help you," the man in the uniform says to Jack.

"All right. Thank you so much," he replies.

"Would you prefer tea, coffee, milk, or some juice to drink?"

"Do they have something like a continental breakfast platter?" Jack asks.

"Yes, they do," the man replies.

"Great! I'll take that." Jack says and both of them place their orders. The man orders breakfast cereal and a bowl of fruits for himself.

"The birds there must enjoy the tomatoes," Jack says.

"Some insects and birds really create havoc in the garden. I lost a lot of my cucumbers and salad greens to pests last summer."

"Do you also have a farm?" Jack asks.

"No. My grandmother and I grow them in our garden at home."

"That's lovely! My mother too, she grows potatoes, onions, and carrots, but she's more interested in flowers," Jack says.

"Your garden must be as colorful as my fruit bowl," the man remarks as the breakfast for the two of them is brought and placed on the table.

Jack smiles and looks at the fruits. He sees a large bowl of sliced apples, papaya, watermelon, berries, and grapes. They look beautiful. The owner places salt, sugar, and a bottle of water on the table.

"Enjoy your meal!" The owner turns to Jack and says, "I think you are visiting us for the first time. Would you like to try our pumpkin soup? It's our signature dish."

"Maybe some other time. Thank you," says Jack.

"We have introduced a variety of new sandwiches, meat dishes, and cakes to our lunch and dinner menus. Please do visit us again." says the owner.

"Sure," replies the man in the uniform while cutting a piece of the watermelon with his knife and fork.

"Would you like to order anything else?" asks the owner.

"No. Thank you," says Jack.

"Nothing for me too. Could you please get the bill ready?" says the man in the uniform.

"Yes, definitely," the owner says and leaves.

7
THE BIRTHDAY GIFT
EMOTIONS

Jack ist ganz allein auf den Straßen des kleinen Dorfes. Der Mann in Uniform kehrt nach dem Frühstück zu seiner Arbeit bei der Bahn zurück. Jack hat den ganzen Tag nichts zu tun, also beschließt er, ein Geschenk für Kathryns Geburtstagsparty einzukaufen. Kathryn und Jack sind seit ihrer Kindheit befreundet, aber für Jack ist Kathryn mehr als nur eine Freundin. Er ist heimlich in sie verliebt, aber Kathryn weiß nichts von seinen Gefühlen. Er liebt sie, aber er ist **nervös** und **ängstlich** darüber, seine Zuneigung zum Ausdruck zu bringen. Er befürchtet, dass sie „nein" sagen könnte. Er erfährt von einem guten Geschäft an der Landstraße außerhalb des Dorfes und beschließt, dorthin zu gehen.

Jack ist **begeistert**, bald zu Kathryns Geburtstagsfeier zu gehen. Er erreicht den Laden und sein Blick fällt auf ein Plakat. Ihm gefällt das Kleid auf dem Plakat; und das Mädchen, das es trägt, sieht Kathryn auch sehr ähnlich. Also geht Jack auf der Suche nach demselben Kleid in den Laden. Er ist sehr **zuversichtlich**, dass es Kathryn gefallen wird. Der Laden ist riesig. Es hat vier Etagen und auf dem Schild über der Ladentür steht "Herr und Frau

Stolz". Er ist **überrascht**, an diesem abgelegenen Ort einen so eleganten Laden zu sehen.

„Entschuldigen Sie bitte", sagt er und geht auf das Verkaufspersonal zu. „Wo kann ich das Kleid finden, das draußen auf dem Plakat zu sehen ist?"

Die Frau sieht sehr **wütend** und **gelangweilt** aus. Sie sagt nichts und zeigt nur auf den Fahrstuhl. Jack nimmt an, dass sich das Kleid im ersten Stock befindet, also dreht er sich um und geht zum Aufzug. Er drückt auf den Knopf und wartet. Um den Fahrstuhl herum liegen viele Bücher. Jack liest die Titel und ein Buch erregt seine Aufmerksamkeit. Er geht näher und nimmt es aus dem Regal. Der Titel lautet: "Sie **interessieren** sich für eine Frau, wissen aber nicht, wie Sie es ihr sagen sollen? Lies mich." Jack **hofft**, dass ihm dieses Buch helfen wird. Er beschließt, es zu kaufen.

Der Aufzug kommt und die Türen öffnen sich. Er geht hinein und zwei junge Mädchen folgen ihm. Die Türen des Aufzugs schließen sich und in diesem Moment klingelt Jacks Handy. Es ist ein Videoanruf von Kathryn. Jack ist äußerst **glücklich**. Er heckt schnell einen Plan aus, um zu testen, was Kathryn für ihn empfindet. Er geht ans Telefon und vergewissert sich, dass eines der beiden Mädchen im Aufzug im Videoanruf zu sehen ist.

„Wenn Kathryn sich nach diesem Mädchen erkundigt, bedeutet das, dass sie **eifersüchtig** ist. Und wenn sie eifersüchtig ist, bedeutet das, dass sie mich auch heimlich liebt", denkt sich Jack.

Kathryn ist **zornig**, weil sie denkt, dass Jack nicht an ihrer Geburtstagsfeier teilnehmen wird. Jack spricht liebevoll mit ihr und versichert ihr, dass er bei der Feier dabei sein wird. Jack erzählt ihr von den Abenteuern seiner Reise und sie ist **amüsiert**. Sie scheint nicht einmal ein kleines bisschen **neugierig** zu sein, wer das Mädchen ist.

Das macht Jack ein bisschen **traurig** und er zieht sich für einen Moment zurück, aber bald fasst er sich und entschließt sich, das perfekte Geschenk für seine besondere Frau zu **finden**.

Die Türen des Fahrstuhls öffnen sich und die beiden Mädchen steigen aus. Jack folgt ihnen einfach, ohne viel auf die Umgebung zu achten. Seine ganze Aufmerksamkeit gilt Kathryns WhatsApp-Profilbild. Das Bild zeigt Kathryn zusammen mit einem Jungen und zwei Mädchen, und die Anwesenheit des Jungen macht Jack sehr **neidisch**. Jack kann das nicht ertragen und ist **entschlossen** herauszufinden, wer dieser Junge ist.

„Lass mich ihn auf Instagram finden", denkt er sich und beginnt die Suche.

Er geht weiter und sucht gleichzeitig den Jungen auf Instagram. Plötzlich ruft ihm eine Frauenstimme zu. Sie ist eine Verkäuferin hier.

"Entschuldigen Sie bitte! Dies ist ein Bereich nur für Frauen. Suchen Sie jemanden?"

Jack sieht auf und ist extrem **verlegen** und **beschämt**. Er entschuldigt sich schnell bei der Frau und verlässt die Etage.

"Oh Gott! Das war so **dumm**", denkt sich Jack.

Alle anderen Kunden auf dieser Etage sind wütend auf die Verkäuferin. Sie beschweren sich bei ihrem Manager über sie. Der Manager wird sauer auf sie und Jack fühlt sich sehr schuldig wegen der Situation, in die er sie gebracht hat.

Er fasst sich und ohne von irgendetwas **abgelenkt** zu sein, geht er zurück zum Fahrstuhl. Er denkt immer noch an den Jungen auf Kathryns Profilbild. Er ist **verstört** und **hat Angst**, sie zu verlieren.

SUMMARY

Jack geht in ein Geschäft in der Nähe des Dorfes, um ein Geburtstagsgeschenk für Kathryn zu kaufen. Er ist in sie verliebt. Ihm gefällt ein Kleid auf einem Plakat vor dem Laden und er beschließt, es für Kathryn zu kaufen. Als er das Kleid im Laden sucht, landet er ohne sein Wissen in einem Bereich, zu dem nur Frauen Zutritt haben. Der Grund für Jacks Unachtsamkeit ist seine Eifersucht. Er bemerkt einen Jungen auf Kathryns WhatsApp-Profilbild und ist darüber verzweifelt.

―――――

WORDS TO REMEMBER

1. **Interessiert** - Interested
2. **Gelangweilt** - Bored
3. **Glücklich** - Happy
4. **Ängstlich** - Anxious
5. **Nervös** - Nervous
6. **Zuversichtlich** - Confident
7. **Begeistert** - Excited
8. **Verstört** - unsettled
9. **Wütend** - Angry
10. **Abgelenkt** - Distracted
11. **Traurig** - Sad
12. **Beschämt** - Ashamed
13. **Verlegen** - Embarrassed
14. **Überrascht** - Surprised
15. **Hoffen** - to hope
16. **Neugierig** - Curious
17. **Amüsiert** - Amused

18. **Eifersüchtig** - Jealous
19. **Neidisch** - Envious
20. **Zornig** - Enraged
21. **Dumm** - Stupid
22. **Entschlossen** - Determined
23. **Stolz** - Proud
24. **Angst haben** – To be afraid

QUESTIONS

1. Wie heißt der Laden, den Jack besucht?

- a. Herr und Frau Pompous
- b. Welt der Frau
- c. Das Kleiderkönigreich
- d. Herr und Frau Stolz

2. Was sieht Jack außerhalb des Ladens?

- a. Einen Wagen
- b. Ein Mann
- c. Ein Essensstand
- d. Ein Plakat

3. Was möchte Jack für Kathryn kaufen?

- a. Schuhe
- b. Eine Handtasche

- c. Ein Kleid
- d. Haarklammern

4. Wer ruft Jack an?

- a. Rose
- b. Seine Mutter
- c. Kathryn
- d. Sein Chef

5. Was beschließt Jack, sich zu kaufen, während er auf den Fahrstuhl wartet?

- a. Ein Buch
- b. Einen Stift
- c. Ein Handy
- d. Eine Sonnenbrille

―――

ANSWERS

1. **d.** Herr und Frau Stolz
2. **d.** Ein Plakat
3. **c.** Ein Kleid
4. **c.** Kathryn
5. **a.** Ein Buch

―――

ENGLISH TRANSLATION

Jack is all alone on the streets of the little village. The man in the uniform returns to his work in the railways after breakfast. Jack has nothing to do all day, so he decides to go gift shopping for Kathryn's birthday party. Kathryn and Jack have been friends since childhood, but for Jack, Kathryn is more than a friend. He is secretly in love with her, but Kathryn is unaware of his feelings for her. He loves her but he's nervous and anxious about expressing his affection. He fears that she might say "no." He finds out about a good store on the highway outside the village and decides to go there.

Jack is very excited about Kathryn's birthday. He reaches the store, and his eyes fall on a poster. He loves the dress in the poster and the girl wearing it also looks very similar to Kathryn. So Jack goes inside the store in search of the same dress. He's very confident that Kathryn will like it. The store is huge. It has four floors and the nameplate outside reads, Mr. and Mrs. Proud. He is surprised to see such a plush store in that remote place.

"Excuse me," he says walking towards the sales staff. "Where can I see the dress which is on the poster outside?"

The woman looks very angry and bored. She says nothing and just points towards the elevator. Jack assumes the dress is on the first floor, so he turns around and starts walking towards the elevator. He pushes the button and waits. Around the elevator are a large number of books. Jack reads the titles and one book captures his attention. He goes closer and picks it up from the shelf. The title reads, Interested in a woman but don't know how to say it? Read me. Jack is hopeful that this book will be of help to him. He decides to buy it.

The elevator arrives and the doors open. He walks in

and two young girls follow him. The doors of the elevator close and at that instance, Jack's phone rings. It's a video call from Kathryn. Jack is super happy. He hatches a quick plan to test what Kathryn feels for him. He answers the phone and makes sure one of the two girls in the elevator is in his frame.

"If Kathryn enquires about this girl, that means she's jealous. And if she is jealous, it means she secretly loves me as well," Jack thinks to himself.

Kathryn is enraged because she is under the impression that Jack will not be attending her birthday party. Jack speaks to her in a loving tone and assures her that he will be there for the party. Jack narrates the adventures of his journey to her and she is amused. She doesn't seem even a tad curious to know about the girl. This makes Jack a bit sad and he momentarily becomes withdrawn, but he soon composes himself and embarks on finding that perfect gift for his special woman.

The doors of the elevator open, and the two girls step out. Jack simply follows them without paying much attention to the surroundings. His entire concentration is centered on Kathryn's WhatsApp display picture. The picture contains Kathryn along with a boy and two girls, and the presence of the boy makes Jack very envious. Jack cannot stand this and he's determined to find out who that boy is.

"Let me hunt him down on Instagram," he thinks to himself and begins his search.

He continues walking and searching simultaneously. Suddenly, a woman's voice calls out to him. She is the sales staff there.

"Excuse me, sir! This is a women-only area. Are you looking for someone?"

Jack looks up, and he's extremely embarrassed and

ashamed. He quickly apologizes to the woman and leaves the floor.

"Oh, God! That was so stupid," Jack thinks to himself.

All the other customers on that floor or angry at the sales staff. They start complaining about her to her manager. The manager gets mad at her and Jack feels very guilty about the position he's put her in.

He composes himself and without allowing himself to get distracted by anything, he gets back to the elevator. The man in Kathryn's display picture is still on his mind. He's disturbed and very afraid that he might lose her.

8
THE FINAL CHOICE
PRESENT TENSE VERBS

Jack ist immer noch im Laden. Er möchte unbedingt ein tolles Geschenk für Kathryns Geburtstag **kaufen** und es gibt keinen anderen Laden in der Nähe. Er kehrt ins Erdgeschoss zurück. Er möchte gerne in jedes Stockwerk **gehen** und **sich umschauen**.

"Was möchten Sie **sehen**?", fragt eine blonde Verkäuferin Jack.

Jack geht zur Theke, wo die Frau ist. Es gibt eine Reihe von Düften im Regal in schönen Flakons in verschiedenen Formen. Dort im Regal steht eine Reihe von Düften in schönen Flakons verschiedener Formen. Jack mag die Formen. Er nimmt eine Flasche, die die Form einer Rosenblüte hat, um den Duft zu **riechen**.

„Sie können den Tester **probieren**. Was Sie in der Hand haben, ist ein neuer Artikel. Kunden dürfen diese vor dem Kauf nicht **verwenden**", sagt die Frau zu Jack und **gibt** ihm einen Tester.

Jack nimmt den Tester und sprüht etwas auf seine Hand. Der Geruch ist himmlisch. Jack möchte den Preis **wissen**, bevor er sich entscheidet. Er nimmt die neue

Flasche, um den Preis zu sehen, aber dort wird kein Preis erwähnt.

"Wie viel kostet dieser Duft?", **fragt** er die Frau.

„Er kostet 150 Euro", sagt sie ihm.

Jack **denkt**, dass das teuer ist. Plötzlich **hört** er sanfte Musik aus der Flasche spielen.

„Kann diese Flasche Musik **machen**?", fragt Jack überrascht.

"Jawohl. Die Musik spielt, wenn Sie den Deckel **berühren**", sagt sie.

Jack berührt den Deckel und die Musik beginnt zu spielen. Er **fühlt** sich gut mit der Flasche.

„**Verwendet** das Batterien?", fragt Jack.

"Nein, dies ist eine neue Technologie. Solange sich Parfüm in der Flasche befindet, spielt die Musik jedes Mal, wenn Sie den Deckel berühren. Wenn Sie zu uns zurück**kommen**, wenn Ihre Flasche leer ist, können wir sie wieder für Sie auffüllen", antwortet sie.

„Aber ich lebe in Großbritannien!"

"Keine Bange. Sie brauchen uns nur **anrufen** und wir schicken Ihnen einen Nachfüllpack per Post zu. Sie können es ganz einfach selbst **auffüllen**. Es ist ganz leicht."

"Das ist großartig! Aber es ist sehr teuer. Haben Sie ein Rabattangebot?"

„Im Moment nicht", antwortet die Frau.

"OK. Können Sie das bitte für mich **aufbewahren**? Ich möchte mir die restlichen Produkte im Laden ansehen, bevor ich mich entscheide", **sagt** Jack zu der Frau.

Er geht weiter und findet Regale voller Schönheitsprodukte für Frauen. Es gibt Nagellacke, Lippenstifte und eine Vielzahl anderer Kosmetikprodukte. Jack ist verwirrt. Er hat keine Ahnung von Make-up. Er versucht, die Produkte zu **verstehen**, indem er die Etiketten liest, aber es fällt ihm sehr schwer, das richtige auszu**wählen**.

Dann geht Jack in die erste Etage. Die Verkäuferin begleitet ihn. Er bemerkt, dass er zuvor noch nicht auf dieser Etage war.

„Das war der vierte Stock. Es ist ein Schönheitssalon und Spa nur für Frauen", **erzählt** die Verkäuferin, bevor Jack etwas sagt.

Jack lächelt und **geht** weiter. Die Etage ist voll von schönen Kleidern. Jack ist fasziniert. Er **wird** sehr aufgeregt, als er dasteht und sich Kathryn in all diesen Kleidern vorstellt. Er schaut sich sorgfältig um, ob er das Kleid von dem Plakat außerhalb des Ladens **finden** kann. Nach einigem Suchen sieht er endlich genau das Kleid.

„Das ist es, wonach ich gesucht habe. Ich **brauche** eine kleine Größe von diesem Kleid, bitte", sagt Jack.

„Selbstverständlich", sagt die Frau und **bringt** eine kleine Größe für Jack aus dem Lagerraum. „Ist das alles? Oder möchten Sie noch etwas kaufen?"

"Nein. Das ist alles. Ich **nehme** das Parfum und dieses Kleid."

"Gute Entscheidung!"

„Und auch viel Geld! Aber es ist okay. Sie wird sich sehr freuen", sagt Jack.

„Ist es jemand Besonderes?", fragt die Frau mit einem breiten Lächeln.

Jack lächelt charmant und nickt.

„Dann packe ich es Ihnen hübsch als Geschenk ein", sagt die Frau mit einem Augenzwinkern.

Jack bezahlt und sieht zu, wie die Verkäuferin die Geschenke kreativ in Hochglanzpapier einpackt.

———

SUMMARY

Jack geht durch den Laden und sucht nach einem Geschenk für Kathryn. Mit der Hilfe einer blonden Verkäuferin findet er ein tolles Parfüm, aber sein Herz hängt immer noch an dem Kleid vom Plakat. Nach einigem Suchen findet er das Kleid und freut sich über die wunderbaren Geschenke für Kathryn.

―――――

WORDS TO REMEMBER

1. **Sehen** - to look
2. **Machen** - to make
3. **Bringen** - to bring
4. **Kaufen** - to buy
5. **Finden** - to find
6. **Werden** - to become
7. **Sagen** - to say
8. **Erzählen** - to tell
9. **Fragen** - to ask
10. **Umschauen** - to look around
11. **Hören** - to hear
12. **Riechen** - to smell
13. **Berühren** - to touch
14. **Nehmen** - to take
15. **Verstehen** - to understand
16. **Wählen** - to choose
17. **Fühlen** - to feel
18. **Arbeiten** - to work
19. **Behalten** - to keep
20. **Versuchen** - to try

21. **Möchten** - to want
22. **Denken** - to think
23. **Benutzen** - to use
24. **Wissen** - to know
25. **Geben** - to give
26. **Kommen** - to come
27. **Anrufen** - to call
28. **Machen** - to do
29. **Brauchen** - to need
30. **Gehen** - to go

QUESTIONS

1. Wer hilft Jack beim Einkaufen?

- a. Eine blonde Frau
- b. Eine schöne Frau
- c. Ein alter Mann
- d. Ein junger Mann

2. Welche Form hat das Parfüm, das Jack wählt?

- a. Rund
- b. Rosenblüte
- c. Quadratisch
- d. Tasche

3. Was ist einzigartig an dem Parfüm?

- a. Es ist billig
- b. Es macht Musik
- c. Es ist teuer
- d. Es ist automatisch

4. Wo findet Jack das Kleid auf dem Plakat?

- a. In der ersten Etage des Ladens
- b. In der zweiten Etage des Ladens
- c. In der dritten Etage des Ladens
- d. In der vierten Etage des Ladens

5. Was macht die blonde Frau am Ende mit den Geschenken?

- a. Sie schickt sie an Kathryn
- b. Sie wickelt sie in Hochglanzpapier ein
- c. Sie weigert sich, sie an Jack zu verkaufen
- d. Sie zerstört sie

ANSWERS

1. **a.** Eine blonde Frau
2. **b.** Rosenblüte
3. **b.** Es macht Musik
4. **a.** In der ersten Etage des Ladens
5. **b.** Sie wickelt sie in Hochglanzpapier ein

ENGLISH TRANSLATION

Jack is still at the store. He desperately wants to buy an amazing gift for Kathryn's birthday and there is no other store around. He returns back to the ground floor and decides to look around each floor.

"What would you like to see sir?" a blond saleswoman asks Jack.

Jack walks towards the counter where the woman is. There are a number of fragrances on the shelf in beautiful bottles of different shapes. Jack likes the shapes. He picks up one bottle that is in the shape of a rose flower to smell the fragrance.

"You can try the tester sir. What you have in your hand is a new piece. Customers are not allowed to use these before purchase," the woman tells Jack and gives him the tester.

Jack takes the tester and sprays a little on his hand. The smell is heavenly. Jack wants to know the price before he can decide. He picks up the new bottle to see the price, but there is no mention of it there.

"What is the price of this one?" he asks the woman.

"This costs €150," she tells him.

Jack thinks it's expensive. He suddenly hears soft music playing from the bottle.

"Is this a musical bottle?" Jack asks in surprise.

"Yes, sir. Music plays when you touch the lid," she says.

Jack touches the lid and the music starts playing. He feels good about the bottle.

"Does this use batteries?" Jack enquires.

"No, sir. This is a new technology. As long as there is perfume in the bottle, the music will play every time you touch the lid. If you come back to us once your bottle is empty, we can refill it for you," she replies.

"But I live in the UK!"

"No worries. Just call us, and we will send you a refill pack by mail. You can easily fill it up yourself. It is very easy."

"This is amazing! But it's very expensive. Do you have a discount offer?"

"Not at the moment," the woman replies.

"Ok. Please keep this aside for me. I want to have a look at the rest of the products in the store before I make the final call," Jack says to the woman.

He walks ahead and finds shelves full of beauty products for women. There are nail varnishes, lipsticks, and a host of other cosmetic products. Jack is confused. He knows nothing about makeup. He tries to understand the products by reading the labels, but he finds it very difficult to choose the right one.

Jack then goes to the first floor. The saleswoman accompanies him. He realizes he was not on this floor previously.

"That was the fourth floor, sir. It's a women's only beauty salon and spa," the saleswoman explains before Jack says anything.

Jack smiles and moves ahead. The area is full of beautiful dresses. Jack is mesmerized. He becomes very excited as he stands there imagining Kathryn in all those dresses. He looks around carefully to see if he can find the dress from the poster outside of the store. After a bit of searching, he finally sees the exact dress.

"This is what I have been looking for. I need a small size in this dress, please," Jack says.

"Sure, sir," the woman says and brings a small size for

Jack from the storeroom. "Will this be all? Or are you looking to buy something more?"

"No. That's about it. The perfume and this dress.".

"Good choice!"

"And a lot of money too! But it's fine. She'll be very happy," Jack says.

"Is it someone special?" the woman asks with a wide smile.

Jack smiles charmingly and nods.

"Then I will give you a beautiful gift wrap," the woman says with a wink.

Jack makes the payment and watches as the saleswoman creatively wraps the gifts in glossy paper.

9
HIDE AND SEEK
HOUSE AND FURNITURE

Rose, die Lehrerin und ihre zwölf Vorschulkinder sind im **Haus** des Anwalts. Sie sind alle um einen **Tisch** im **Wohnzimmer** versammelt. Ihre Augen sind auf die Hand des Anwalts gerichtet. Er zeigt ihnen einen Zaubertrick. Die Kinder interessieren sich sehr für den Trick.

„Ich werde jetzt diese Münzen in meiner Hand auf den Teppich fallen lassen. Achtet auf die Münzen. Behaltet sie im Auge, während sie aus meiner Hand auf den **Teppich** fallen", sagt der Anwalt.

Alle Zuschauer sind neugierig und gespannt. Der Anwalt setzt sich auf das **Sofa** und lässt eine Münze aus seiner Hand fallen. Die Münze fällt nach unten, bleibt aber auf halbem Weg in der Luft stehen. Die Münze bleibt in der Luft und fällt nicht herunter.

"Wow!", rufen die Kinder.

Er lässt eine weitere Münze fallen, welche ebenfalls nicht zu Boden fällt. Alle Kinder klatschen erstaunt in die Hände.

"Das ist großartig!", sagt die Lehrerin. „Wie haben Sie das gelernt?"

„Mein Onkel war Zauberer, und von ihm habe ich viele Tricks gelernt."

Die Lehrerin und der Anwalt sprechen über Magie und die Kinder beginnen, im Haus des Anwalts herumzurennen und zu spielen. Der Anwalt ist ein reicher Mann. Seine Villa ist groß und luxuriös. Es gibt schöne **Vorhänge** und große französische Fenster im Wohnzimmer. Einige der Kinder rennen zum Spielen ins Foyer. Dort gibt es ein wunderschönes Aquarium, und es gefällt ihnen, die Fische zu beobachten. Rose langweilt sich. Sie mag keine einfachen Zaubertricks. Also beschließt sie, Zeit mit den Kindern zu verbringen.

Drei Mädchen sind im Essbereich und spielen "Haus". Rose schleicht sich herein und sieht ihnen beim Spielen zu. Sie spielen eine Mutter und ihre beiden Töchter als Rollenspiel. Sie haben eine kleine **Küche** in einer Ecke, wo die Mutter kocht. Die beiden Kinder warten am **Esstisch**. Ihre Mutter will ihnen Essen geben. Das ist alles, was Rose sehen kann, und es hilft nicht, sich von ihrer Ausstellung in Berlin abzulenken. Sie wundert sich, warum Jack noch nicht mit den Tickets zurückgekehrt ist. Sie geht im Haus umher. Die **Wände** sind mit wunderschönen Gemälden geschmückt. Rose bewundert jedes einzelne. Rose mag ein **Gemälde** ganz besonders. Es ist ein großes Glasgemälde, das eine Frau mit ihrem Hund zeigt.

„Spielst du mit uns Verstecken?", fragt ein kleiner Junge Rose.

Rose ist überrascht. Sie weiß nicht, was sie sagen soll. Es ist Ewigkeiten her, seit sie das letzte Mal Kinderspiele gespielt hat.

„Du spielst nicht gerne Verstecken?", sagt der Junge.

"Nein, das ist nicht wahr. Ich habe es oft gespielt, als ich ein Kind wie du war", antwortet Rose.

„Spiel jetzt mit uns."

"OK. Komm! Lass uns spielen!"

Der Junge rennt los, um die anderen Kinder zu rufen. Sie rennen begeistert auf Rose zu und der Junge sagt:

„Wir verstecken uns im Haus und Rose zählt bis 5 und sucht uns dann. Bereit?"

"Juhu! Lasst uns anfangen", rufen die Kinder begeistert.

„Lasst uns noch etwas Besonderes machen", schlägt Rose vor. „Lasst uns ein Zeitlimit für die Suche festlegen."

"Wow! Das wird sehr spannend! Wie viel Zeit haben wir?", fragt ein Kind.

"Zehn Minuten. OK?", sagt Rose.

„Ja", sagen die Kinder begeistert.

„Ich aktiviere einen Timer auf meinem Handy und wenn es klingelt, ist eure Zeit abgelaufen!" sagt Rose.

"OK!", antworten die Kinder, und das Spiel beginnt.

Rose schließt die Augen und beginnt zu zählen: „1… 2… 3… 4… 5…"

Alle Kinder verstecken sich im Haus. Rose beginnt zu suchen.

„Wo seid ihr, Kinder?!", ruft Rose und öffnet die **Tür** eines **Schlafzimmer**s.

Sie schaut unter das **Bett** und findet niemanden. Der Raum hat schlichte Wände und keine **Möbel**, also geht Rose hinaus und betritt das Nebenzimmer. Dieses ist dunkel, ohne Fenster, und es gibt nur eine brennende Lampe. Rose findet das Zimmer ein bisschen beängstigend, aber sie sieht sich um. Auch hier sind keine Kinder. Das Haus des Anwalts hat außer diesen beiden Zimmern im Erdgeschoss nur ein Wohnzimmer, ein Esszimmer und eine **Küche**. Sie geht in die Küche und sieht einen großen **Kühlschrank**, ein Gericht im **Ofen**, eine Spülmaschine voller **Geschirr**, wie **Teller**, **Schüsseln** und **Löffel**, und eine Frau, die eine Scheibe Brot in einen **Toaster** steckt. Alle **Regale** und Lagerorte sind ohne Vorhänge, also beschließt Rose, woanders zu suchen.

„Aber im Erdgeschoss kann man nirgendwo anders suchen!", wundert sich Rose.

Sie schaut sich um, um zu sehen, ob es eine Treppe gibt, die in den ersten Stock führt, und sie findet eine in einer Ecke. Sie hat nur noch fünf Minuten, also eilt Rose die Treppe hinauf. Dort ist alles ruhig. Das erste, was sie im ersten Stock findet, ist eine Tür. Sie öffnet sie und sieht, dass es ein **Badezimmer** ist. Sie findet das Badezimmer ziemlich seltsam. Dort gibt es ein **Spülbecken**, einen **Spiegel** und einen kaputten **Fernseher**.

„Das sieht eher aus wie ein Lagerraum. Aber wo sind die Kinder?", fragt sich Rose.

Sie verlässt das Badezimmer und sieht, dass der Rest des Erdgeschosses komplett leer ist. Überall sind Spinnweben und es gibt dort keine **Beleuchtung**. In einer Ecke entdeckt sie einen **Stuhl** und einen **Schrank**. Sie öffnet den Schrank und findet zwei Kartons: In einem Karton befindet sich eine **Klimaanlage**, in dem anderen eine **Heizung**.

"Seltsam!", denkt sie.

Sie findet auch eine **Steppdecke**, ein Kissen, **Bettlaken**, **Kissenbezüge** und **Bettbezüge**.

Der Timer klingelt und Rose hat keine Zeit mehr, nach den Kindern zu suchen. Rose beschließt, aufzugeben und den Schrank zu schließen. In diesem Moment bemerkt Rose eine Tür im Schrank. Rose ist sehr überrascht, die Tür zu sehen.

„Dieses Haus ist so mysteriös. Soll ich diese Tür öffnen?", denkt sie.

"Nein. Das ist nicht mein Haus. Ich sollte sie nicht

öffnen. Aber wo sind die Kinder? Warum kommen sie nicht raus?", fragt sie sich.

Sie ist verwirrt, aber beschließt dann doch, die Tür zu öffnen. Sie dreht am Knauf, und die Tür ist verschlossen. Sie sucht noch einmal nach den Kindern. Sie durchsucht sowohl das Erdgeschoss als auch den ersten Stock, kann die Kinder aber nicht finden. Der Anwalt und die Lehrerin sind im Wohnzimmer immer noch in ein Gespräch über Magie vertieft. Rose macht sich Sorgen um die Kinder. Sie geht in die Küche und fragt die Frau dort: „Haben Sie die Kinder irgendwo in der Nähe gesehen?"

„Ich habe sie vorhin im **Foyer** und im Esszimmer spielen sehen", antwortet sie, während sie etwas auf der **Herdplatte** kocht.

„Ich habe sie damals auch gesehen, aber danach haben wir angefangen, Verstecken zu spielen. Sie sind jetzt nicht mehr im Haus", sagt Rose.

„Wo sollten sie hingehen? Sie mussen einfach hier sein. Lassen Sie mich suchen", sagt die Frau und beginnt zu suchen.

Sie durchsucht jeden Raum, aber die Kinder sind nicht zu finden. Rose ist sehr besorgt.

„Wie soll ich das der Lehrerin sagen?", fragt Rose die andere Frau.

"Machen Sie sich keine Sorgen. Gehen Sie einfach und sagen Sie es ihr. Es ist nicht Ihre Schuld", sagt die Frau.

"Nein. Ich kann nicht. Es ist meine Schuld. Alle Eltern werden mir die Schuld geben."

„Hören Sie zu, Rose. Wenn Sie der Lehrerin gleich Bescheid geben, können wir schneller mit der Suche nach den Kindern beginnen. Auch der Anwalt kann uns helfen. Also keine Sorge. Gehen Sie einfach hin und sagen Sie es ihnen", sagt die Frau.

Rose holt tief Luft und geht ins Wohnzimmer.

SUMMARY

Rose, die Lehrerin, und alle zwölf Kinder sind im Haus des Anwalts. Der Anwalt zeigt ihnen Zaubertricks und alle haben Spaß. Der Anwalt und die Lehrerin beginnen, über Magie zu sprechen, aber Rose hat kein Interesse an diesem Gespräch. Rose beschließt, mit den Kindern Verstecken zu spielen. Sie besprechen die Spielregeln, und die Kinder verstecken sich im Haus. Rose soll die Kinder suchen. Sie beginnt in der Küche, im Schlafzimmer, in den verschiedenen Teilen des Erdgeschosses und sogar im ersten Stock des Hauses nach den Kindern zu suchen. Trotz ihrer Bemühungen kann sie sie nicht finden und wird ängstlich. Sie engagiert eine Frau in der Küche, um ihr zu helfen, aber sie können die Kinder immer noch nicht finden.

WORDS TO REMEMBER

1. **Haus** - House
2. **Sofa** - Sofa
3. **Tisch** - Table
4. **Esstisch** - Dining table
5. **Teppich** - Carpet
6. **Fernseher** - Television
7. **Klimaanlage** - Air-conditioner
8. **Heizung** - Heater
9. **Spülbecken** - Kitchen sink
10. **Spiegel** - Mirror

11. **Kühlschrank** - Refrigerator
12. **Toaster** - Toaster
13. **Ofen** - Oven
14. **Schrank** - Cupboard
15. **Regale** - Shelves
16. **Vorhänge** - Curtains
17. **Beleuchtung** - Lights
18. **Wohnzimmer** - Living room
19. **Schlafzimmer** - Bedroom
20. **Foyer** - Foyer
21. **Küche** - Kitchen
22. **Badezimmer** - Bathroom
23. **Bett** - Bed
24. **Kissenbezüge** - Pillowcases
25. **Bettbezüge** - Duvet covers
26. **Bettlaken** - Bedsheets
27. **Herdplatte** - Hotplate
28. **Geschirr** - Dishes
29. **Schüsseln** - Bowls
30. **Teller** - Plates
31. **Wände** - Walls
32. **Tür** - Door
33. **Möbel** - Furniture
34. **Gemälde** - Painting
35. **Stuhl** - Chair
36. **Steppdecke** - Quilt

QUESTIONS

1. Was macht die Gruppe im Wohnzimmer?

- a. Abendessen

- b. Fernsehen
- c. Einen Zaubertrick anschauen
- d. Spielen

2. Welchen Gegenstand verwendet der Anwalt für seinen Zaubertrick?

- a. Einen Schmetterling
- b. Einen Löffel
- c. Eine Münze
- d. Einen Ring

3. Welches Spiel spielt Rose mit den Kindern?

- a. Verstecken
- b. Tennis
- c. Fußball
- d. Ludo

4. Wo sucht Rose zuerst nach den Kindern?

- a. Unter dem Bett
- b. Hinter den Vorhängen
- c. Im Badezimmer
- d. Im Schrank

5. Warum ist Rose ängstlich?

- a. Weil sie krank ist
- b. Weil sie die Kinder nicht finden kann
- c. Weil sie sich langweilt
- d. Weil sie keine Freunde hat

―――――

ANSWERS

1. **c.** Einen Zaubertrick anschauen
2. **c.** Eine Münze
3. **a.** Verstecken
4. **a.** Unter dem Bett
5. **b.** Weil sie die Kinder nicht finden kann

―――――

ENGLISH TRANSLATION

Rose, the teacher, and her twelve students are at the lawyer's house. They are all gathered around a table in the living room. Their eyes are fixed on the lawyer's hand. He is showing them a magical trick. The children are very interested in the trick.

"I will now drop these coins in my hand on the carpet. Pay attention to the coins. Keep your eyes fixed on them as they leave my hand and fall down on the carpet below." the lawyer says.

All the viewers are curious and excited. The lawyer sits down on the sofa and releases one coin from his hand. The coin moves downwards but stops in the air mid-way. The coin stays in the air and doesn't fall down.

"Wow!" the children exclaim.

He drops another coin, and that doesn't fall as well. All the children clap their hands in amazement.

"This is amazing!" says the teacher. "How did you learn this?"

"My uncle was a magician, and I learnt tricks from him."

The teacher and the lawyer start talking about magic and the children begin running around playing in the lawyer's house. The lawyer is a rich man. His mansion is large and lavish. There are beautiful curtains and large French windows in the living room. Some of the children run to the foyer to play. There is a beautiful fish tank there, and they enjoy watching the fish. Rose is bored. She doesn't enjoy easy magic tricks. So, she decides to spend her time with the children.

Three girls are in the dining area enjoying a game of playing house. Rose sneaks in and watches them play. They are role-playing a mother and her two daughters. They have a little kitchen in one corner where the mother is cooking. The two children are waiting at the dining table. Their mom is about to give them food. That's all Rose can see and it doesn't help to take her mind away from her exhibition in Berlin. She wonders why Jack hasn't returned with the tickets yet. She walks around the house. The walls are adorned with beautiful paintings. Rose admires each one of them. Rose loves one painting in particular. It is a large glass painting of a woman with her dog.

"Will you play hide and seek with us?" one little boy asks Rose.

Rose is surprised. She doesn't know what to say. It has been ages since she has played little children's games.

"You don't like playing hide and seek?" the boy says.

"No, that's not true. I played a lot of it when I was a child like you," Rose replies.

"Play with us now."

"Ok. Come on! Let's play!"

The boy runs to call all the other children. They excitedly run towards Rose and the boy says,

"We will hide around the house and Rose will start looking for us at the count of 5. Ready?"

"Yay! Let's begin." all the other children yell excitedly.

"Let's add a twist to the game," Rose suggests. "Let's add a time limit to the search."

"Wow! That will be very interesting! How much time will we have?" one child asks.

"Ten minutes. Ok?" Rose says.

"Yes," the children cry out excitedly.

"I'll put a timer on my phone and when it rings, your time is up!" says Rose.

"Ok!" they reply and the game begins.

Rose closes her eyes and starts counting, "1… 2… 3… 4… 5…"

All the children hide around the house. Rose starts searching.

"Where are you children?!" exclaims Rose and opens the door of one bedroom.

She looks under the bed and finds no one. The room has plain walls and no furniture, so Rose walks out and enters the door next to it. This one is dark without any windows, and there is just one burning lamp. Rose finds the room a bit scary but she looks around it. There are no children here either. The lawyer's house only has a living room, dining room, and a kitchen other than these two rooms on the ground floor. She walks into the kitchen and finds a large refrigerator, something cooking in the oven, a dishwasher full of dishes, like plates, bowls, and spoons, and a woman placing a slice of bread inside a toaster. All the shelves and storage areas are without shutters, so Rose decides to search elsewhere.

"But there is nowhere else to search on the ground floor!" Rose wonders.

She looks around to see if there is a flight of stairs leading to the first floor, and she finds one in a corner. There are only five minutes left on the clock, so Rose rushes up the stairs. Everything is quiet there. The first thing she finds on the first floor is a door. She opens it, and it is a bathroom. She finds the bathroom to be quite weird. There is a kitchen sink there, a mirror, and a broken television.

"This seems more like a storeroom. But where are the children?" Rose thinks to herself.

She walks out of the bathroom and sees that the rest of the first floor is completely empty. There are spiderwebs everywhere and there are no lights there. She spots a chair and a cupboard in one corner. She opens the cupboard and finds two carton boxes: in one box there is an air conditioner and in the other a heater.

"Strange!" she thinks.

She also finds a quilt, a cushion, bedsheets, pillowcases, and duvet covers.

The timer rings and Rose has no time to search for the children. Rose decides to give up and close the cupboard. Just then, Rose notices a door inside the cupboard. Rose is very surprised to see the door.

"This house is so mysterious. Shall I open this door?" she thinks.

"No. This is not my house. I should not open it. But where are the children? Why are they not coming out?" she wonders.

She is confused, but she finally decides to open the door. She turns the knob, and the door is locked. She looks for the children once again. She searches both the ground floor as well as the first floor, but she cannot find the children. The lawyer and the teacher are still deep in conversation about magic in the living room. Rose is worried about the children. She walks to the kitchen and asks the woman there, "Did you see the children anywhere around?"

"I saw them playing in the foyer and the dining room a little while ago," she replies while cooking something on the hotplate.

"I also saw them at that time, but after that, we started playing hide and seek. They are not in the house now," Rose says.

"Where can they go? They must be just here. Let me search," the woman says and starts looking.

She searches every room, but the children are not to be found. Rose is very anxious.

"How will I let the teacher know?" Rose asks this other woman.

"Don't worry. Just go and tell her. It is not your fault," the woman says.

"No. I cannot. It is my fault. All the parents will blame me."

"Listen, Rose. If you tell the teacher right away, we can start looking for the children faster. The lawyer can also help us. So, don't worry. Just go and tell them," says the woman.

Rose takes a deep breath and walks towards the living room.

10
THE SEARCH
QUESTION WORDS

Rose geht langsam ins Wohnzimmer. Sie weiß nicht, **wie** sie anfangen soll. Die Lehrerin und der Anwalt sitzen auf dem Sofa. Sie genießen ihre Unterhaltung. Rose sitzt auf einem Stuhl neben der Lehrerin.

„Wir reden über Magie. Er erzählt mir von seinen Lebenserfahrungen mit Magie. Das ist wirklich faszinierend", sagt die Lehrerin.

Rose bringt ein Lächeln zustande.

"**Wo** sind die Kinder? Lassen Sie mich sie mit ein paar weiteren spannenden Tricks unterhalten!", sagt der Anwalt.

"Oh ja! Das wird den Kindern wirklich gefallen! Sie sollten auch zu uns in die Schule kommen, damit andere Kinder sich an Ihrer Magie erfreuen können!", sagt die Lehrerin.

„Jetzt noch nicht. Sobald ich in Rente bin, melde ich mich bei Ihnen", sagt der Anwalt lachend.

Auch die Lehrerin lacht. Rose ist sehr verzweifelt. Sie hat nicht den Mut, der Lehrerin von den Kindern zu erzählen.

„**Wie viele** Kinder haben Sie an Ihrer Schule?", fragt der Anwalt.

„Wir haben fünfzig Studenten. Ich bin für die zwölf Vorschulkinder hier verantwortlich. Es gibt drei andere Lehrer, die sich um den Rest kümmern."

"Und **wie viel** verdienen Sie?", fragt der Anwalt.

„Nun, viel weniger als du. Ich verdiene gerade genug, um mich und meine Mutter zu ernähren. Wir führen ein einfaches Leben."

„Wahres Glück liegt in den einfachen Dingen des Lebens. **Wie lange** unterrichten Sie schon?"

„Lassen Sie mich überlegen, **wann** ich angefangen habe. Ich habe mit zweiundzwanzig angefangen und bin jetzt fünfzig. Es sind also gute achtundzwanzig Jahre vergangen. Ich unterrichte sehr gerne und bin gerne mit Kindern zusammen", sagt die Lehrerin.

"Oh! Sie sind fünfzig Jahre alt? Sie sehen ziemlich jung aus!"

"Vielen Dank. Das ist ein wunderbares Kompliment. **Wie alt** sind Sie?", fragt die Lehrerin lächelnd.

"Können Sie raten?", sagt der Anwalt.

„Ähm… Ungefähr fünfundvierzig?«

"Perfekt! Ich bin fünfundvierzig." sagt der Anwalt.

Die Lehrerin und der Anwalt lachen.

„**Wie kommt es**, dass die Kinder heute so still sind?", bemerkt die Lehrerin und sieht sich um.

Rose wird rot. Sie beginnt zu schwitzen.

„Warum sehen Sie so aufgebracht aus? Was ist passiert? Sie sehen besorgt aus", fragt der Anwalt Rose.

„Ähm, nichts. Mir geht es gut. Eigentlich möchte ich Ihnen beiden etwas sagen", sagt Rose.

"Ja, bitte. Schießen Sie los", sagt der Anwalt.

„Vor einiger Zeit habe ich mit den Kindern Verstecken gespielt. Ich war dran mit Suchen, und ich sagte den

Kindern, sie sollten sich verstecken. Ich habe das ganze Haus durchsucht, aber die Kinder sind nicht zu finden. Oh, es tut mir sehr leid ", sagt Rose mit Tränen in den Augen.

"Du meine Güte! Haben Sie überall im Haus gesucht? ", sagt die Lehrerin alarmiert.

„Ja, das habe ich, zweimal. Ich weiß nicht, wo sie sind", sagt Rose.

„Ich werde Ärger bekommen. Wo können alle zwölf von ihnen hin?!", sagt die Lehrerin, als sie anfängt, im Haus nach den Kindern zu suchen.

Rose begleitet die Lehrerin bei der Suche, während der Anwalt im Wohnzimmer bleibt und nachdenkt. Nach ungefähr 15 Minuten kommt die Lehrerin zurück ins Wohnzimmer.

„Ich brauche Ihre Hilfe", fleht sie den Anwalt an. „Ich kann die Kinder nicht finden. Bitte helfen Sie mir."

„Haben Sie außerhalb des Hauses gesucht? Vielleicht spielen sie auf der Straße", sagt der Anwalt.

„Nein, habe ich nicht. Aber ich hatte sie angewiesen, drinnen zu bleiben. Sie gehen selten gegen meine Anweisungen", sagt die Lehrerin.

„Vielleicht ist heute dieser seltene Anlass", sagt der Anwalt.

„Er hat Recht", sagt Rose.

Die Lehrerin stimmt zu und alle gehen auf die Straße, um zu suchen. Auch der Anwalt begleitet sie. Draußen ist alles ruhig. Die Straße ist völlig leer. Die Lehrerin geht den Hügel auf und ab und ruft die Namen aller Kinder. „Tom! Ted! Johnny! Lizzy! Komm raus, bitte. Spielt nicht den Narren, Kinder! Hört auf mit dem Unfug!"

Es kommt keine Antwort. Auch Rose fleht die Kinder an: „Bitte kommt heraus! Wir alle suchen euch!"

Der Anwalt steht auf der Straße und beobachtet die

Szene. Er sieht sich in alle Richtungen um, sagt aber nichts.

„Die Kinder sind nicht auf der Straße", sagt der Anwalt.

Die Lehrerin und Rose sind überrascht, das zu hören.

"**Warum** sagen Sie das? Wo sind die Kinder dann?", fragt die Lehrerin.

"Sie sind im Haus", antwortet der Anwalt.

„Aber wir haben gerade das ganze Haus durchsucht. Die Kinder sind sicher nicht drin", sagt die Lehrerin.

„Sie sind nicht in meinem Haus."

„In **welchem** Haus sind sie?", fragt Rose.

„Das erste Haus der Straße."

"**Wessen** Haus ist das? Und woher wissen Sie, dass die Kinder da sind?", sagt die Lehrerin.

„Weil ich Anwalt bin."

„Oh ja, auf jeden Fall. Aber warum sollten die Kinder mitten in einem Versteckspiel dorthin gehen?", fragt Rose.

"Beantworten Sie meine Frage. **Wie weit** weg ist das Haus von hier?", fragt der Anwalt.

„Vielleicht fünf Minuten. Aber warum fragen Sie?", sagt die Lehrerin.

„Wann haben Sie die Kinder zuletzt gesehen? Und **wer**, glauben Sie, hat sie zuletzt gesehen?", fragt der Anwalt Rose.

„Ich habe sie vor dem Spiel gesehen. Aber ich weiß nicht, ob sie nach mir noch jemand gesehen hat."

„Mit **wem** haben sie zuletzt gesprochen?"

„Ich glaube, sie haben zuletzt mit mir gesprochen", sagt Rose. Sie hat große Angst. „Aber ich habe nichts getan. Ich weiß nicht, wer sie mitgenommen hat."

„Das bedeutet, dass sich die Kinder überhaupt nicht versteckt haben. Kaum hatten Sie die Augen geschlossen, rannten sie aus dem Haus. Tatsächlich wollten sie, dass Sie

Ihre Augen schließen, weil Sie auf die Kinder aufgepasst haben."

"Wozu?" sagt Rose.

„Sie müssen in Gefahr sein! Lassen Sie uns gehen und sie retten, wenn Sie sicher sind, dass sie in diesem Haus sind", sagt die besorgte Lehrerin.

„Sie sind nicht in Gefahr", sagt der Anwalt.

"Was?", fragt Rose.

„Dieses Haus gehört mir. Die Kinder und ich haben euch beiden einen Streich gespielt", sagt der Anwalt lachend.

"Das ist nicht fair! Sie haben mich zu Tode erschreckt", sagt die Lehrerin.

Alle lachen.

SUMMARY

Rose will der Lehrerin von den vermissten Kindern erzählen, also gesellt sie sich zu dem Anwalt und der Lehrerin ins Wohnzimmer. Sie lauscht ihrem Gespräch, bringt aber nicht genug Mut auf, ihnen die Neuigkeit zu überbringen. Schließlich überbringt sie dem Anwalt und der Lehrerin die Neuigkeit und sie beginnen alle, nach den Kindern zu suchen. Die Lehrerin ist sehr ängstlich und besorgt. Nervös suchen sie im Haus und auch auf der Straße nach den Kindern. Der Anwalt versucht, ihnen noch mehr Angst zu machen und enthüllt schließlich, dass die Kinder in Sicherheit sind und dass dies ein Streich war, den er mit ihnen geplant hat.

WORDS TO REMEMBER

1. **Was** - What
2. **Wo** - Where
3. **Wann** - When
4. **Warum** - Why
5. **Wer** - Who
6. **Wem** - Whom
7. **Wie kommt es** - How come
8. **Wie** - How
9. **welches** - Which
10. **Wessen** - Whose
11. **Wie viel** - How much
12. **Wie viele** - How many
13. **Wozu** - What for
14. **Wie lange** - How long
15. **Wie alt** - How old
16. **Wie weit** - How far

QUESTIONS

1. Wie alt ist der Rechtsanwalt?

- a. Er ist 35 Jahre alt
- b. Er ist 40 Jahre alt
- c. Er ist 45 Jahre alt
- d. Er ist 50 Jahre alt

2. Wo sitzt Rose im Wohnzimmer?

- a. Auf dem Sofa
- b. Auf dem Stuhl
- c. Auf der Couch
- d. Auf dem Hocker

3. Was macht der Anwalt, als die Lehrerin ihn einlädt, seine Zaubertricks an ihrer Schule zu zeigen?

- a. Er nimmt die Einladung an
- b. Er wird wütend
- c. Er beleidigt die Lehrerin
- d. Höflich sagt er, dass er dies tun werde, wenn er in Rente ist

4. Wo schlägt der Anwalt vor, nach den Kindern zu suchen?

- a. In der Küche
- b. Im Park
- c. Auf der Straße
- d. In der Garage

5. Wo verstecken sich die Kinder?

- a. Im Schrank
- b. Im zweiten Haus des Anwalts
- c. Auf der Terrasse

- d. Niemand weiß es

ANSWERS

1. **c.** Er ist 45 Jahre alt
2. **b.** Auf dem Stuhl
3. **d.** Höflich sagt er, dass er dies tun werde, wenn er in Rente ist
4. **c.** Auf der Straße
5. **b.** Im zweiten Haus des Anwalts

ENGLISH TRANSLATION

Rose slowly walks into the living room. She doesn't know how to start. The teacher and the lawyer are seated on the sofa. They are enjoying their conversation. Rose sits on a chair next to the teacher.

"We are talking about magic. He is telling me about his real-life experiences with magic. It's really fascinating," the teacher says.

Rose manages a smile.

"Where are the children? Let me entertain them with a few more exciting tricks!" says the lawyer.

"Oh yes! The children will really enjoy it! You should also come over to our school so that other children can enjoy your magic!" the teacher says.

"Not just yet, madam. I will contact you once I retire," the lawyer says, laughing.

The teacher also laughs. Rose is very distressed. She

doesn't have the courage to tell the teacher about the children.

"How many children do you have in your school?" the lawyer asks.

"There are fifty students. I am in charge of the twelve students here. There are three other teachers to take care of the remaining."

"And how much do you make?" the lawyer asks.

"Well, much less than you do. I make just enough to support myself and my mother. We live a simple life."

"Real happiness is in the simple things of life, madam. How long have you been teaching?"

"I started when I was twenty-two and I am fifty now. So it's been a good twenty-eight years. I love teaching and I enjoy spending time with children," says the teacher.

"Oh! You are fifty years old? You look quite young!"

"Thank you. That's a wonderful compliment. How old are you?" the teacher says smiling.

"Can you make a guess?" says the lawyer.

"Uhm. Around forty-five?"

"Perfect! I am forty-five." the lawyer says.

The teacher and the lawyer laugh.

"How come the children are so quiet today?" the teacher remarks looking around.

Rose's face turns red. She begins to sweat.

"Why are you looking so upset? What happened? You look worried," the lawyer asks Rose.

"Uhm, nothing. I am fine. Actually, there is something I want to tell you both," Rose says.

"Yes, please. Go ahead," the lawyer says.

"I was playing hide and seek with the children a little while ago. I was the seeker in the game, and I told the children to hide. I have searched the entire house but the children are not to be found. Oh, I am very sorry about this, madam," Rose says teary-eyed.

"Oh, my goodness! Did you search everywhere in the house?" says the teacher, alarmed.

"Yes, I did twice. I don't know where they are," says Rose.

"I am going to get in trouble. Where can all the twelve of them go?!" the teacher says as she starts looking for the children around the house.

Rose joins the teacher in the search, while the lawyer remains in the living room, thinking. After about fifteen minutes, the teacher comes back to the living room.

"I need your help, sir," she pleads with the lawyer. "I am unable to find the children. Please help me."

"Did you search outside the house? They might be playing on the street." the lawyer says.

"No, I didn't. But I had instructed them to stay inside. They rarely go against my instructions," says the teacher.

"Maybe today is that rare occasion," the lawyer says.

"He is correct," Rose says.

The teacher agrees and they all go out to the street to search. The lawyer also accompanies them. Everything outside is quiet. The street is totally empty. The teacher goes up and down the hill calling out the names of all the children. "Tom! Ted! Johnny! Lizzy! Come out, please. Don't play the fool, children! Stop your mischief!"

There is no answer. Rose also pleads with the children, "Please come out! We are all looking for you!"

The lawyer stands on the street, taking in the scene. He looks around in all directions but says nothing.

"The children are not on the street." The lawyer says.

The teacher and Rose are surprised to hear this.

"Why do you say this? Where are the children then?" asks the teacher.

"They are in the house." the lawyer replies.

"But we just searched the entire house. The children are surely not inside." the teacher says.

"They are not in my house."

"In which house are they?" Rose asks.

"The first house on the street."

"Whose house is that? And how do you know the children are there?" says the teacher.

"Because I am a lawyer."

"Oh yes definitely. But why would the children go there in the middle of a game of hide and seek?" Rose asks.

"Answer my question. How far is that house from here? " the lawyer asks.

"Maybe five minutes. But why are you asking?" says the teacher.

"When did you see the children last? And who do you think saw them last?" the lawyer asks Rose.

"I saw them before the game. But I don't know if anyone else saw them after me."

"To whom did they speak to last?"

"I think they spoke to me last," Rose says. She is very afraid. "But I didn't do anything. I don't know who took them away."

"This means that the children didn't hide at all. As soon as you closed your eyes, they ran out of the house. In fact, they wanted you to close your eyes because you were keeping a watch on them."

"What for?" says Rose.

"They must be in danger! Let's go and rescue them if you are sure that they are in that house." the worried teacher says.

"They are not in danger," the lawyer says.

"What?" Rose asks.

"That house is mine. The children and I played a prank on you both," the lawyer says, laughing.

"This is not fair! You scared me to death," the teacher says.

All of them laugh.

11
THE WEEKEND
LIKES & DISLIKES

Das Abenteuer der vermissten Kinder ist vorbei. Die Lehrerin ist mit den Kindern in der Garage des Anwalts. Der Anwalt schläft in seinem Zimmer. Rose ist an einem warmen Freitagnachmittag auf der Straße und genießt die Sonne. Rose **liebt** die Sonne, aber ihre Augen sind auf den Bildschirm ihres Handys gerichtet.

„Hallo Rose. Die Geschäftsführung hat einen weiteren Vertreter des Unternehmens zur Betreuung der Ausstellung entsandt. Sie können zum frühestmöglichen Zeitpunkt nach Florenz zurückkehren. Bitte kommen Sie nicht zur Ausstellung nach Deutschland. Vielen Dank."

Das ist die Nachricht auf ihrem Bildschirm. Rose ist sehr enttäuscht. **Sie hasst** das italienische Schienensystem. Sie fühlt sich unsicher in Bezug auf ihren Arbeitsplatz im Unternehmen.

"Hallo Rose!", ruft ihr eine Stimme von hinten zu.

Sie schließt die Nachricht in ihrem Handy und dreht sich um, um zu sehen, wer es ist. Es ist Jack. Rose freut sich sehr, ihn zu sehen. Sie **mag** es, mit ihm zusammen zu sein; also freut sie sich, dass er zurück ist.

"Hi! Was für eine Überraschung! Endlich bist du zurück. Ich freue mich, dich zu sehen", sagt sie ihm.

Jack lächelt und sagt: „Ich habe Tickets nach Berlin für uns alle. Für dich, mich, die Lehrerin und alle Kinder. Wir müssen in einer Stunde zum Flughafen aufbrechen. Der Flughafen ist zwei Stunden von diesem Dorf entfernt. Ich habe zwei Taxis für die Fahrt bestellt. Sie werden gleich hier sein."

Rose sagt nichts. Sie sieht nicht begeistert aus.

"Was ist los? Bist du nicht froh, dass du es rechtzeitig schaffen wirst?", fragt Jack.

„Meine Firma hat jemand anderen geschickt, um die Ausstellung in Berlin zu betreuen. Sie haben mir gesagt, ich solle nach Florenz zurückkommen. Also glaube ich nicht, dass ich mich dir anschließen kann", sagt Rose.

"Oh…"

"Ja. Ich habe gerade eine Nachricht von meinem Kollegen erhalten. Es tut mir leid wegen der Mühe. Ich bezahle dir mein Ticket."

"Keine Bange! Was hast du jetzt vor?"

„Ich habe noch gar nichts geplant."

„Von diesem Flughafen aus gibt es keinen Direktflug nach Florenz", sagt Jack.

"Lass mich sehen was ich machen kann. Morgen ist Samstag, also kann ich mir Zeit nehmen, um Florenz zu erreichen. Ich muss erst am Montag zur Arbeit,", sagt Rose.

"Ja. Auch ich habe meine Meetings auf Montag verschoben. Bis ich heute Abend in Berlin lande, wird es schon spät sein. Es wäre also nicht fair gegenüber dem Kunden", erklärt Jack.

„Gibt es tagsüber keinen Flug nach Berlin?"

"Leider nicht."

„Also haben wir am Wochenende alle frei", bemerkt Rose.

"Ja", sagt Jack lächelnd.

"Du hast Glück. Du kannst dein Wochenende auf deutsche Art genießen", sagt Rose.

„Ja, aber **ich bevorzuge es nicht**, alleine Urlaub zu machen."

„Oh, ich bin das genaue Gegenteil. **Es macht mir nichts aus**, alleine zu reisen. Ich lege mehr Wert auf das Reiseziel als auf die Menschen", sagt Rose.

„**Ich bevorzuge** erholsame Ferien. Zeit am Strand und im Pool zu verbringen und den Sand und die Wellen zu genießen, sind meine Lieblingsbeschäftigungen."

„**Ich würde lieber** meinen Tag im Museum verbringen, Kunstwerke bewundern und etwas über Geschichte und Kultur lernen. **Ich verabscheue es**, untätig zu sein", sagt Rose.

Jack lacht. „Du bist wirklich das genaue Gegenteil von mir", sagt er.

„**Ich will** alleine nach Afrika reisen", sagt Rose begeistert.

„Was **möchtest du** dort sehen?"

„**Ich bestaune** die Tierwelt! Ich könnte den ganzen Tag damit verbringen, Tiere und Vögel zu beobachten!"

Jack lächelt. „Wieder Gegensätze!"

"Warum? **Magst du nicht** die Tierwelt?", fragt Rose.

„**Ich kann** Tiere **nicht ausstehen**. Als ich noch sehr jung war, wurde ich von einer Schlange angegriffen, und auch meine Erfahrungen mit Haustieren waren nicht so toll", sagt Jack.

„Du solltest einmal eine Wanderung im Amazonas-Regenwald machen. Ich bin sicher, du wirst dich in die wilden Tiere verlieben."

"**Niemals**! **Ich kann** den Geruch von Tieren **nicht** einmal für eine Minute **tolerieren**."

„**Ich bin verrückt nach** Affen und Papageien. Oh, ich liebe sie so sehr! Was ist die eine Sache im Leben, **in die du vernarrt bist**?", fragt Rose.

„Ähm… Das Meer und meine Freundin", sagt Jack.

„**Ich kann** das Gefühl von Sand auf meiner Haut **nicht ertragen**. Aber ich möchte auch vernarrt in einen Freund sein", sagt Rose.

„Verliebt sein ist schön!", ruft Jack.

„Ich liebe das Gefühl, verliebt zu sein! Ich hoffe, ich kann es bald erleben", sagt Rose.

„Warst du noch nie verliebt?"

"Nein. **Gar nicht**!"

„Ich bin mir sicher, dass du es bald sein wirst. Und wenn du es bist, wirst du anfangen, das Meer zu lieben", sagt Jack.

„Wo hast du deine Freundin kennengelernt? Am Strand?"

"**Genau**! Wie hast du das erraten?"

Rose lächelt und sagt: „Deine Liebe leuchtet in deinen Augen."

Jack lächelt.

„Wäre es nicht ein Spaß, zusammen in den Urlaub zu fahren? Jetzt, wo wir Freunde sind, denke ich, **wir sollten** das tun."

„Spaß oder nicht, ich weiß es nicht, aber es wird sicher ein Abenteuer", sagt Jack.

Beide lachen.

„Ich habe eine tolle Idee!", sagt Rose.

"Was?"

„Lass uns dieses Wochenende zu einem Abenteuer machen! Da wir beide frei haben, lass uns ein bisschen Spaß haben!", sagt Rose.

"Ja! Gute Idee!", sagt Jack.

Rose ist begeistert und öffnet eine Karte auf ihrem Handy.

SUMMARY

Rose erhält eine Nachricht von ihrer Firma, dass jemand anderes aus ihrem Büro ausgewählt wurde, um an der Ausstellung teilzunehmen. Sie ist verärgert. Jack kommt und sie erzählt ihm davon. Jack erzählt ihr von der Änderung seines Terminplans. Sie besprechen ihre Reisevorlieben und beschließen, das Wochenende zusammen zu verbringen.

WORDS TO REMEMBER

1. **Mögen** – To like
2. **Nicht mögen** - Dislike
3. **ich bestaune** - I marvel at
4. **Ich verabscheue** - I detest
5. **ich bevorzuge** - I prefer
6. **Ich bevorzuge es nicht** - I don't prefer
7. **Ich kann ..... nicht ausstehen** - I can't stand
8. **Es macht mir nichts aus** - I don't mind
9. **Ich kann ..... nicht tolerieren** - I cannot tolerate
10. **Ich will** - I want
11. **Möchtest du** - Would you like

12. **Ich kann es nicht ertragen** - I can't bear
13. **Genau** - Exactly
14. **Gar nicht** - Not at all
15. **Niemals** - Never
16. **Du bist vernarrt in .....** - You're mad after
17. **Ich bin verrückt nach .....** - I am crazy after
18. **Liebt** - Loves
19. **Sie hasst** - She hates
20. **Ich würde lieber** - I would rather
21. **Wir sollten** - We should

―――

QUESTIONS

1. Was teilt Roses Kollege ihr per Nachricht mit?

- a. Dass die Ausstellung abgesagt wird
- b. Dass die Ausstellung verschoben wird
- c. Dass Rose gefeuert wurde
- d. Dass Rose für die Ausstellung nicht nach Berlin reisen muss

2. Was macht Jack mit seinen Meetings?

- a. Er verschiebt sie auf Montag
- b. Er sagt sie ab
- c. Er verschiebt sie um ein paar Stunden
- d. Er verschiebt sie auf Freitag

3. Was verabscheut Rose?

- a. Im Urlaub untätig zu sein
- b. Besuch des Museums im Urlaub
- c. Im Urlaub die über Geschichte des Urlaubsortes zu lernen
- d. Im Urlaub über die Kultur des Urlaubsortes zu lernen

4. Welche der folgenden Aussagen ist richtig?

- a. Rose und Jack sind die gleiche Art von Menschen
- b. Rose und Jack sind gegensätzlich
- c. Rose und Jack sind Feinde
- d. Rose ist Jacks Freundin

5. Was wollen Rose und Jack gemeinsam verbringen?

- a. Die Sommerferien
- b. Weihnachten
- c. Das Wochenende
- d. Montagabend

ANSWERS

1. **d.** Dass Rose für die Ausstellung nicht nach Berlin reisen muss

2. **a.** Er verschiebt sie auf Montag
3. **a.** Im Urlaub untätig zu sein
4. **a.** Rose und Jack sind gegensätzlich
5. **c.** Das Wochenende

ENGLISH TRANSLATION

The adventure of the missing children is over. The teacher is in the lawyer's garage with the children. The lawyer is asleep in his room. Rose is on the street enjoying the sunshine on a warm Friday afternoon. Rose loves the sun but her eyes are on her mobile phone's screen.

"Hi, Rose. The management has sent another representative from the company to take care of the exhibition. You can return back to Florence at the earliest available opportunity. Please do not come to Germany for the exhibition. Thank you."

This is the message on her screen. Rose is very disappointed. She hates the Italian rail system. She feels insecure about her job in the company.

"Hello, Rose!" a voice calls out to her from behind.

She shuts the message in her phone and turns around to see who it is. It's Jack. Rose is extremely happy to see him. She likes his company, so she is delighted that he is back.

"Hi! What a surprise! Finally, you're back. I'm glad to see you," she tells him.

Jack smiles and says, "I have tickets to Berlin for all of us. You, me, the teacher and all the children. We will have to leave for the airport in an hour. The airport is a two-hour drive from this village. I have arranged two cabs for the journey. They will be here in a while."

Rose says nothing. She doesn't look excited.

"What's the matter? Are you not happy you're going to make it?" Jack asks.

"My company has sent someone else to handle the exhibition in Berlin. They have told me to return to Florence. So I don't think I can join you." says Rose.

"Oh… "

"Yes. I just received a message from my colleague. I am sorry about the trouble. I will pay you for my ticket."

"No worries! So what do you plan to do now?"

"I haven't planned anything yet."

"There is no direct flight to Florence from this airport," Jack says.

"Let me see what I can do. Tomorrow is Saturday, so I can take my time to reach Florence. I have to go to work only on Monday." Rose says.

"Yes. I too have postponed my meetings to Monday. It will be late by the time I land in Berlin tonight. So, it wouldn't be fair for the client." Jack explains.

"Isn't there a flight to Berlin during the day?"

"Unfortunately, no."

"So we're all free during the weekend," Rose remarks.

"Yes." Jack says smiling.

"You are so lucky. You can enjoy your weekend the German way." Rose says.

"Yeah, but I don't prefer holidaying alone."

"Oh, I am the opposite. I don't mind traveling alone. I am more particular about the destination than the people," Rose says.

"I prefer relaxing holidays. Spending time on the beach, in the pool, and enjoying the sand and the waves are my favorite activities."

"I would rather spend my day in the museum admiring

art pieces and learning about history and culture. I detest being idle," Rose says.

Jack laughs. "You are truly my polar opposite," he says.

"I want to go on a solo trip to Africa," Rose says excitedly.

"What would you like to see there?"

"I adore wildlife! I can spend all day watching animals and birds!"

Jack smiles. "Opposites again!"

"Why? Do you dislike wildlife?" Rose asks.

"I can't stand animals. I was attacked by a snake when I was very young, and my experiences with pets haven't been great too." Jack says.

"You should go on a trek in the Amazon rainforest once. I am sure you will fall in love with everything wild."

"Never! I cannot tolerate the smell of animals even for a minute."

"I am crazy about monkeys and parrots. Oh, I love them so much! What's the one thing in life you are mad about?" Rose asks.

"Uhm… The sea and my girlfriend," Jack says.

"I can't bear the feeling of sand on my skin. But I too want to be crazy about a boyfriend," Rose says.

"Being in love is beautiful!" Jack exclaims.

"I love the feeling of being in love! I hope I get to experience it soon." Rose says.

"Haven't you been in love ever?"

"No. Not at all!"

"I am certain you will very soon. And when you do, you will start loving the sea." Jack says.

"Where did you meet your girlfriend? On the beach?"

"Very much! How did you guess?"

Rose smiles and says, "Your love shines in your eyes."

Jack smiles.

"Wouldn't it be fun to go on a holiday together? Now that we are friends, I think we should."

"Fun or not I don't know, but it will surely be an adventure," Jack says.

Both of them laugh.

"I have an amazing idea!" Rose says.

"What?"

"Let's make this weekend that adventure! Since both of us are free, let's have some fun!" Rose says.

"Well, yeah! Good idea!" Jack says.

Rose is excited and opens a map on her phone.

12

THE ADVENTURE
PREPOSITIONS + TO BE/TO HAVE

Sowohl Jack als auch Rose sehen sich die Karte **von** Italien und den Ländern **um** Italien **herum** an. Es gibt so viele Orte. Sie sind verwirrt. Sie sind nicht in der Lage, sich **zu** entscheiden, welcher **unter** den verschiedenen Orten der richtige für sie ist.

„Ich denke, es ist keine gute Idee, diese Karte zur Auswahl eines Reiseziels zu verwenden", sagt Rose.

"Ich stimme zu. Was machen wir dann?", sagt Jack.

„Ich glaube nicht, dass es hier ein Reisebüro gibt, das uns helfen kann."

"Es gibt eins."

"Wo ist es? Hast du ihre Adresse?", fragt Rose.

"Ja! **Er ist** Herr Google. Und er lebt genau hier, **in** meiner Tasche", scherzt Jack.

Rose lacht. **Sie ist** amüsiert. Jack öffnet sein Handy und beginnt zu surfen.

„**Wir haben** also zwei Tage Zeit. Möchtest du einen eintägigen oder einen zweitägigen Ausflug machen?", fragt Jack.

„Da wir beide nach Florenz reisen müssen, können wir einen Ausflug in die Nähe der Stadt unternehmen.

Nachdem wir den Samstag und den halben Sonntag **an** unserem gewählten Reiseziel verbracht haben, können wir **von** dort direkt nach Florenz reisen. Was denkst du?"

"Großartige Idee!", sagt Jack.

„**Ich bin** ein abenteuerlustiger Mensch. Ich liebe Überraschungen! Also lass uns das tun. Du planst die Reise, aber sagst mir jetzt noch nichts. Das wird ein riesiger Spaß!", sagt Rose.

„Bist du sicher, dass du dich auf meine Entscheidung verlassen willst? Wir kennen uns kaum."

„Ich bin mir vollkommen sicher. Wir kennen uns nicht gut, aber **wir sind** auch keine Fremden."

"Also gut! Ich werde das tun."

„Aber bitte plane keine Zug- und Flugreisen. Wir wollen keine Verzögerungen und Zwischenstopps mehr. Mein Chef wird mich sicher feuern, wenn ich am Montagmorgen nicht zur Arbeit komme", sagt Rose.

"Erledigt! Mach dich bereit für das Abenteuer!", sagt Jack **mit** einem Augenzwinkern.

Rose ist gespannt, wohin Jack sie bringen wird.

„**Bevor** ich mit der Buchung beginne, sollten wir die Lehrerin und die Kinder fragen, ob sie uns **auf** dieser Reise begleiten möchten."

„Ähm… ich denke schon, ja. Aber ich denke, sie werden nicht mitkommen wollen. Die Lehrerin hat einen Zeitplan, an den sie sich halten muss", sagt Rose. Sie will sie nicht auf dieser Reise dabeihaben.

„Lass mich nur einmal die Lehrerin fragen", sagt Jack und geht **auf** die Garage **zu**. Rose setzt sich auf einen großen Stein **unter** einem Baum und wartet auf seine Rückkehr. **Sie hat** jetzt Gefühle für Jack. Sie sieht ihm nach, als er **neben** der Reihe der Erdbeerpflanzen **in** die Garage geht. Sie träumt von der Reise, während sie auf die schönen Zweige **über** sich blickt, die im Wind tanzen.

„**Er ist** so charmant!", denkt sie sich.

Nach ungefähr 10 Minuten kommt Jack mit der Lehrerin **aus** der Garage **heraus**. Alle zwölf Kinder folgen ihnen und **sie haben** ihre Taschen in der Hand. Sie sieht die Lehrerin an und lächelt, aber **in** ihrem Herzen ist sie nicht glücklich, weil sie weiß, dass die Lehrerin und die Kinder mitkommen werden.

„Packe deine Koffer, Rose! Wir werden in 30 Minuten aufbrechen. Wir müssen unser Ziel vor Einbruch der Dunkelheit erreichen", sagt Jack zu ihr.

"Oh ja! Ich bin so aufgeregt! Ich werde bereit sein."

Sie geht **weg**, **vorbei an** der Gruppe ins Haus des Anwalts, um ihre Taschen zu holen. Sie zieht schnell ihre Tasche **unter** dem Tisch hervor und legt ihre Sachen **hinein**. Dann fährt sie mit einem Kamm **durch** ihr glänzendes schwarzes Haar und tritt mit ihren Taschen aus dem Haus. Sie sieht ein leeres wartendes Auto und einen Kleinbus, in dem die Kinder mit ihrer Lehrerin sitzen. Sie sieht in die unschuldigen Gesichter der Kinder und ist traurig. Sie erkennt, dass sie egoistisch war. Sie möchte nun, dass sie auf die Reise mitkommen. Die Lehrerin springt aus dem Kleinbus und kommt auf Rose zu gerannt.

Sie legt Roses Hand **zwischen** ihre Hände und sagt: „Es war wirklich ein Vergnügen, Sie kennenzulernen und Zeit mit Ihnen zu verbringen. Ich hoffe, Sie einmal wieder zu sehen."

„Sind Sie und die Kinder nicht auf unserer Reise mit dabei?", fragt Rose überrascht.

„Nein, Liebes. **Wir müssen** gehen."

"**Ich habe** eine Idee! Warum kommen Sie nicht für einen Tag mit uns und reisen dann ab? **Sie haben** zwei Tage Zeit, bevor die Schulwoche beginnt. Ich denke, Jack hat mit Ihnen über die Reise gesprochen, richtig? **Er hat** etwas wirklich Aufregendes geplant!"

„Die Schule und die Eltern der Kinder wollen, dass wir sofort zurückkehren. **Sie sind** besorgt um die Kleinen", sagt die Lehrerin.

Rose umarmt die Lehrerin und die Kinder. Auch der Anwalt und Jack verabschieden sich von ihnen. Der Kleinbus mit der Lehrerin und ihren Vorschulkindern rast davon. Jack und Rose danken auch dem Anwalt für seine Freundlichkeit und Gastfreundschaft. Sie laden ihre Taschen in das wartende Auto und fahren los. Der Anwalt sieht zu, wie das Auto bergab fährt und in der Ferne verschwindet.

―――

SUMMARY

Jack und Rose planen einen Wochenendausflug. Rose sagt, dass sie Überraschungen und Abenteuer mag und bittet Jack, die Reise zu planen, ohne ihr etwas davon zu erzählen. Die Lehrerin und die zwölf Kinder schließen sich ihnen nicht an. Die gesamte Gruppe verabschiedet sich von dem Anwalt und verlässt das Dorf.

―――

WORDS TO REMEMBER

1. **Ich bin** - I am
2. **Du bist** - You are
3. **Sie ist** - She is
4. **Wir sind** - We are

5. **Sie sind** - They are
6. **Er ist** - He is
7. **Ich habe** - I have
8. **Er hat** - Ha has
9. **Sie hat** - She has
10. **Wir haben** - We have
11. **Sie haben** - You have
12. **Zu** - To
13. **Um ..... herum** – Around something
14. **In** - Within
15. **Auf ..... zu** - Towards
16. **Bevor** - Before
17. **In** - In
18. **Bei** - At
19. **Aus** - From
20. **Mit** - With
21. **Auf** - On
22. **Über** - Above
23. **Von** - Of
24. **Unter** - Under
25. **Unter** - Among
26. **Hinein** - into
27. **Neben** - Beside
28. **Aus** - Out of
29. **Weg** - Away
30. **Vorbei an** - Past
31. **Durch** - Through
32. **Zwischen** - Between
33. **Unter** - Below

QUESTIONS

1. Welches Reisebüro empfiehlt Jack für die Planung der Reise?

- a. Herr Wanderer
- b. Herr Butler
- c. Herr Koch
- d. Herr Google

2. Wer plant die Reise?

- a. Das Reisebüro
- b. Jack
- c. Rose
- d. Der Rechtsanwalt

3. Welche der folgenden Aussagen ist richtig?

- a. Rose hat besondere Gefühle für Jack
- b. Jack liebt Rose
- c. Rose ist Jacks Schwester
- d. Jack und Rose sind Feinde

4. Warum möchte die Lehrerin nicht an der Reise teilnehmen?

- a. Weil sie Rose hasst

- b. Weil sie keine Ferien mag
- c. Weil die Eltern der Kinder wollen, dass sie sofort zurückkommen
- d. Weil die Kinder nicht mitfahren wollen

5. Wie verlassen Jack und Rose das Dorf?

- a. Mit dem Kleinbus
- b. Mit dem Zug
- c. Mit dem Flugzeug
- d. Mit dem Auto

―――

ANSWERS

1. **d.** Herr Google
2. **b.** Jack
3. **a.** Rose hat besondere Gefühle für Jack
4. **c.** Weil die Eltern der Kinder wollen, dass sie sofort zurückkommen
5. **d.** Mit dem Auto

―――

ENGLISH TRANSLATION

Both Jack and Rose look at the map of Italy and the countries around it. There are so many places. They feel confused. They are unable to decide which one, among the various places, is right for them.

"I think using this map to choose a destination is not a good idea," Rose says.

"I agree. What do we do then?" says Jack.

"I don't think there is any travel agent here who can help us."

"There is one."

"Who is it? Do you know their office address?" Rose asks.

"Yeah! He is Mr. Google. And he lives right here, in my pocket," Jack jokes.

Rose laughs. She is amused. Jack opens his phone and begins browsing.

"So we have two days to spare. Do you want to take a one-day trip or a two-day one?" Jack asks.

"Since we both have to travel to Florence, we can take a trip to a place close to the city. After spending Saturday and half of Sunday at our chosen destination, we can travel straight to Florence from there. What do you think?"

"Great idea!" says Jack.

"I am an adventurous person. I love surprises! So, let's do this. You plan the trip, but don't tell me anything now. It will be great fun!" Rose says.

"Are you sure you want to rely on my choice? We barely know each other."

"I'm completely sure. We don't know each other well, but we are not strangers either."

"All right, then! I will do it."

"But please don't include train or plane journeys. We don't want any more delays and layovers. My boss will surely fire me if I don't get to work on Monday morning," Rose says.

"Done! Get ready for the adventure!" Jack says with a wink.

Rose is eager to know where Jack will take her.

"Before I start booking, I think we should ask the teacher and the children if they would like to join us on this trip."

"Uhm… I think so, yes. But I think they will not want to come along with us. The teacher has a schedule that she must follow," says Rose. She doesn't want them on this trip.

"Let me just ask the teacher once," Jack says and begins walking towards the garage. Rose sits down on a rock under a tree and waits for him to return. She has feelings for Jack now. She watches him as he walks beside the row of strawberry bushes and into the garage. She dreams about the trip as she gazes at the beautiful branches above her dancing in the wind.

"He is so charming!" she thinks to herself.

After about 10 minutes, Jack walks out of the garage with the teacher. All the twelve children are behind them and they have their bags in their hands. She looks at the teacher and smiles, but within her heart, she is not happy because she knows the teacher and the children are coming along with them.

"Pack your bags, Miss Rose! We will leave in 30 minutes. We have to reach our destination before nightfall," Jack tells her.

"Oh yes! I am so excited! I will be ready."

Off she goes past the group and into the lawyer's house to fetch her bags. She quickly pulls out her bag from below the table and puts in her belongings. She then runs a comb through her glossy black hair and steps out of the house with her bags. She sees an empty waiting car and a van where the children are seated with their teacher. She looks at the innocent faces of the children and feels sad. She realizes that she was being selfish. She now wants them to come along on the trip. The teacher jumps out of the van and comes running towards Rose.

She places Rose's hand between hers and says, "It was really a pleasure meeting you and spending time with you. I hope to see you again."

"Are you and the children not joining us on our trip?" Rose asks in surprise.

"No, dear. We have to go."

"I have an idea! Why don't you join us for a day and then leave? You have two days before the school week. I think Jack spoke to you about the trip, right? He has planned something really exciting!"

"The school and the parents of these children want us to return immediately. They are worried for the little ones," says the teacher.

Rose hugs the teacher and the children. The lawyer and Jack too, they bid them goodbye. The van carrying the teacher and her students speeds away. Jack and Rose also thank the lawyer for his kindness and hospitality. They load their bags into the waiting car and depart. The lawyer watches as the car travels downhill and disappears into the distance.

13
THE WEEKEND TRIP
TRANSITION WORDS

Jack und Rose sind im Auto. Jacks Handy klingelt und er nimmt ab.

"Hallo!"

Der Mann auf der anderen Seite sagt etwas, worauf er antwortet: „Ich denke in etwa fünfzehn Minuten."

„Sie müssen ihn fragen, wie weit wir von unserem Ziel entfernt sind! **Aber** wer fragt ihn das?" wundert sich Rose.

„Wir haben zwei Taschen. Wir sind zu zweit, also jeder eine Tasche", sagt Jack zu dem Mann.

"Zwei Taschen! Heißt das, wir nehmen ein Flugzeug? Ich habe ihm gesagt, er soll keine Flugzeuge oder Züge buchen!", denkt sich Rose.

"Sicher! Vielen Dank."

Jack legt auf.

Er sieht Rose an und sie lächelt. Er sagt nichts und beide verbringen ihre Zeit damit, die vorbeiziehende Landschaft zu beobachten.

„Autofahrten sind eine hervorragende Möglichkeit, die wahre Schönheit der Natur eines Landes zu sehen! Italien ist sehr schön", sagt Jack.

"**In der Tat**! Hier gibt es **so** viele schöne Fotomotive", bemerkt Rose.

„Wo wir hingehen, wird es noch so viele mehr geben", sagt Jack.

"Wirklich? Ich freue mich riesig auf die Überraschung!"

„Ich hoffe, du wirst angenehm überrascht sein!", sagt Jack und drückt die Daumen.

"Mach dir keine Sorgen! Es wird alles gut!", sagt Rose. „Es wird jetzt keine Pannen mehr geben", fügt sie hinzu.

„Das hoffe ich", sagt Jack.

Plötzlich kommt das Auto mitten auf der Straße zum Stehen.

"Was ist passiert?", fragt Jack den Fahrer.

„Ich glaube, es gibt ein Problem mit dem Motor", antwortet der Fahrer.

"Oh Gott! Nicht noch einmal!", sagt Rose irritiert. „Was machen wir jetzt auf dieser verlassenen Straße? Wie werden wir unser Ziel erreichen?", fügt sie hinzu.

„Wir sind mitten auf der Straße! Wir müssen das Auto zu**erst** zur Seite schieben", sagt Jack leise.

"Ja, ja! Können Sie mir bitte helfen?", fragt der Fahrer Jack.

"Sicher!", sagt Jack. Rose steigt aus dem Auto und die beiden Männer schieben das Fahrzeug an den Straßenrand.

"Lassen Sie mich jetzt das Auto inspizieren!", sagt der Fahrer und öffnet die Motorhaube.

Rose ist sehr aufgebracht. „Du hast gesagt, du magst Abenteuer, oder?", sagt Jack mit einem Lächeln.

„Ja, aber nicht schon wieder so etwas. Das ist das **zweite** Mal, dass wir auf halbem Weg festsitzen."

"Mach dir keine Sorgen! Wir werden unser Ziel **trotz** aller Hürden erreichen. Genieße jedes Stück der Reise.

Schließlich sind es Momente wie diese, die eine Reise unvergesslich machen", versichert Jack ihr.

„Es gibt ein Problem mit der Batterie. Ich muss einen Mechaniker rufen", unterbricht der Fahrer.

"Wie lange wird das dauern?", fragt Jack.

„**Da** wir uns an einem abgelegenen Ort befinden, kann es einige Zeit dauern, einen Mechaniker zu bekommen. **Allerdings** bezweifle ich, dass der Mechaniker das Problem hier beheben kann", sagt der Fahrer.

„Wollen Sie damit sagen, dass die Reparatur länger als eine Stunde dauern wird?", fragt Jack.

"**Ohne Zweifel**. Vielleicht möchte der Mechaniker das Auto sogar in seine Werkstatt bringen, um die Reparatur dort durchzuführen."

"Oh nein! Was machen wir **dann**?", sagt Rose enttäuscht.

„Ähm… Sie können versuchen, ein anderes Taxi zu buchen. **Falls** es Ihnen nichts ausmacht, etwas zu warten, können Sie hier bleiben, bis der Mechaniker kommt, und sehen, was er sagt. **Denn so oder so** müssen Sie warten, auch wenn Sie ein anderes Taxi buchen", schlägt der Fahrer vor.

„Ich denke, es ist keine schlechte Idee, zu warten", sagt Jack und sieht Rose an.

„Okay, aber was machen wir hier so lange? Es wird auch dunkel", sagt Rose.

„**Wenn** Sie nicht auf Ihr Reiseziels festgelegt sind, habe ich eine Idee! Es gibt ein Hotel in der Nähe. Sie können dort über Nacht bleiben und dann morgen früh zu Ihrem Zielort aufbrechen", sagt der Fahrer.

"Keine schlechte Idee, Rose!", sagt Jack.

„Das Leben ist wirklich unberechenbar! Wir haben uns **aus diesem Grund** entschieden, Zug und Flugzeug zu meiden, und diese Hürden verfolgen uns auch hier. Das ist so ungerecht", sagt Rose.

„**Selbst wenn** dies nicht der Ort ist, an dem wir sein wollten, können wir hier **letztendlich** die gleichen Abenteuer erleben", sagt Jack.

"Wie?", fragt Rose.

„Was ich geplant hatte, war ein Campingausflug im Wald. Und ich habe gerade mit Hilfe von Herrn Google entdeckt, dass es hier auch einen Wald gibt. Obwohl es natürlich nicht dasselbe sein wird, können wir letztlich den gleichen Spaß haben", sagt Jack.

Rose stimmt sofort zu. Sie ist wieder glücklich.

„Ich habe gerade eine Nachricht von meiner Firma erhalten. Der Mechaniker wird in etwa 30 Minuten da sein", sagt der Fahrer.

"Das ist wunderbar!", sagt Rose.

„Der Mechaniker hat ein Auto, also werde ich Sie mit seinem Auto zum Hotel bringen. Er ist ein sehr netter Mann. Das macht ihm nichts aus", sagt der Fahrer.

"Vielen Dank."

Jack lächelt.

„Hier gibt es einige interessante Dinge zu tun, wenn Sie interessiert sind", sagt der Fahrer.

"Was **zum Beispiel**?", fragt Rose.

„Es sind Kleinigkeiten, nichts Großes. Etwa einen Kilometer nördlich von hier gibt es zum Beispiel einen schönen Picknickplatz. Da ist dieser Wald, von dem Sie gerade gesprochen haben. Hier gibt es auch einige Bauernhöfe, wenn Sie das Dorfleben erleben möchten. Und **zuletzt** gibt es in der Nähe einen netten Wahrsager, der wirklich erstaunlich gut darin ist, die Zukunft vorherzusagen. Diese Aktivitäten könnten ein netter Zeitvertreib für Sie beide sein, **während** Sie auf die Ankunft des Mechanikers warten. Hier gibt es auch einen kleinen Wasserpark. Aber

aufgrund der Zerstörungen durch den Sturm ist er nicht mehr in Betrieb", sagt der Fahrer.

"Wahrsager! Wow! Das klingt wirklich interessant!", sagt Rose.

„Was sagst du, Jack? Sollen wir jetzt dorthin gehen?"

„Ähm... In Ordnung! Ich glaube nicht an Wahrsagerei, aber es kann sicher unterhaltsam sein", sagt Jack.

"Definitiv! Sie werden Ihre Zeit mit ihm genießen! Er wohnt in der Nähe", bemerkt der Fahrer.

„**Endlich** etwas Spannendes zu tun!", sagt Rose.

Jack lächelt und sagt zum Fahrer: „Können Sie uns bitte den Weg zu seiner Wohnung zeigen?"

„Sie sind neu hier und die Strecke ist etwas kompliziert. Deshalb ist es besser, wenn Sie mir folgen. Ich bringe Sie hin. Es ist nicht sehr weit", antwortet der Fahrer.

Jack und Rose stimmen zu und der Fahrer führt sie zum Haus des Wahrsagers.

SUMMARY

Jack und Rose sind im Auto. Sie sind auf dem Weg zu einem Ziel, welches eine Überraschung für Rose sein soll. Das Auto hält plötzlich auf halber Strecke an und der Fahrer sagt, dass es lange dauern wird, das Problem zu beheben. Der Fahrer gibt ihnen mehrere alternative Lösungen. Jack und Rose beschließen schließlich, die Nacht in einem nahe gelegenen Hotel zu verbringen und am Wochenende den Wald zu erkunden.

WORDS TO REMEMBER

1. **Aber** - But
2. **So** - So
3. **Plötzlich** - All of a sudden
4. **Zuerst** - First
5. **Zweite** - Second
6. **Trotz** - Despite
7. **Da** - Since
8. **Jedoch** - However
9. **Ohne Zweifel** - Without a doubt
10. **Letztendlich** - Eventually
11. **Während** - While
12. **In der Tat** - In fact
13. **Dann** - Then
14. **Wenn** - If
15. **Denn** - Because
16. **So oder so** - Either way
17. **Schließlich** - After all
18. **Aus diesem Grund** - For this reason
19. **Selbst wenn** - Even though
20. **Letztendlich** - Ultimately
21. **Zum Beispiel** - For example
22. **Zuletzt** - Lastly
23. **Aufgrund** - Due to
24. **Endlich** - Finally
25. **Deshalb** - Therefore

———

QUESTIONS

1. Wie viele Taschen haben Jack und Rose insgesamt?

- a. Zwei
- b. Vier
- c. Sechs
- d. Acht

2. Was passiert auf halber Strecke?

- a. Jack und Rose beginnen zu streiten
- b. Der Fahrer wird krank
- c. Das Auto hält plötzlich an
- d. Jack und Rose halten zum Abendessen in einem Restaurant an

3. Wie reagiert Rose, als das Auto plötzlich anhält?

- a. Sie ist sehr glücklich
- b. Sie weint
- c. Sie schreit den Fahrer an
- d. Sie ist aufgebracht

4. Welcher der folgenden Orte ist wegen der Zerstörung durch den Sturm geschlossen?

- a. Der Flughafen
- b. Der Wasserpark
- c. Das Hotel
- d. Der Bahnhof

5. Welche der folgenden Möglichkeiten findet Rose interessant?

- a. Einen Besuch bei dem Wahrsager
- b. Einen Urlaub in Amerika
- c. Einen Tag im Wasserpark
- d. Japanisches Essen in einem Restaurant essen

———

ANSWERS

1. **a.** Zwei
2. **c.** Das Auto hält plötzlich an
3. **d.** Sie ist aufgebracht
4. **b.** Der Wasserpark
5. **a.** Einen Besuch bei dem Wahrsager

———

ENGLISH TRANSLATION

Jack and Rose are in the car. Jack's mobile phone rings and he answers.

"Hello!"

The man on the other side says something to which he replies, "I think in about fifteen minutes."

"They must be asking him how far we are from the destination! But who is asking him that?" Rose wonders.

"We have two bags. There are two of us, so one bag each." Jack says to the man.

"Two bags! Does this mean we are taking a plane! I told him not to book any planes or trains!" Rose thinks to herself.

"Sure! Thank you."

Jack hangs up.

He looks at Rose and she smiles. He says nothing and both of them spend their time observing the passing scenery.

"Car journeys are an excellent way to see the real natural beauty of a country! Italy is very beautiful." Jack says.

"Indeed! There are so many lovely photo opportunities here," Rose remarks.

"There are going to be so many more where we're going," says Jack.

"Really? I am so excited about the surprise!"

"I hope you are pleasantly surprised!" Jack says and crosses his fingers.

"Don't worry! It will all be good!" Rose says. "There are not going to be any more mishaps now," she adds.

"I hope so," Jack says.

All of a sudden, the car comes to a stop in the middle of the road.

"What happened?" Jack asks the driver.

"I think there is a problem with the engine," the driver replies.

"Oh, God! Not again!" Rose says, irritated. "What will

we do now on this deserted road? How will we reach our destination?" she adds.

"We are in the middle of the road! We first need to push the car to the side," Jack says quietly.

"Yes, yes! Could you please help me, sir?" the driver asks Jack.

"Sure!" says Jack. Rose steps out of the car, and the two men push the vehicle to the side of the road.

"Let me inspect the car!" the driver says and opens the bonnet.

Rose is very upset. "You said you like adventures, right?" Jack says with a smile.

"Yes, but not this again. This is the second time we are getting stuck halfway."

"Don't worry! We will reach our destination despite all the hurdles. Enjoy every bit of the journey. After all, it's moments like these that make a trip memorable," Jack assures her.

"There is a problem with the battery. I will have to call a mechanic," interrupts the driver.

"How long will this take?" Jack asks.

"Since we are in a remote location, it might take some time to get a mechanic. However, I doubt the mechanic will be able to correct the problem here," says the driver.

"Are you saying this will take more than an hour to rectify?" Jack asks.

"Without a doubt. In fact, the mechanic may even want to take the car to his shop to do the repair."

"Oh no! What will we do then?" Rose says disappointed.

"Uhm. You may try booking another cab. If you don't mind waiting a bit, you can stay here until the mechanic arrives and see what he says. Because either way, you will have to wait even if you choose to book another cab," suggests the driver.

"I think it's not a bad idea to wait," Jack says and looks at Rose.

"Ok, but what will we do here for so long? It's also getting dark." Rose says.

"If you are not particular about your destination, I have an idea! There is a hotel nearby. You can stay there for the night and then leave for your destination tomorrow morning. " says the driver.

"It's not a bad idea, Rose!" Jack says.

"Life is truly unpredictable! We decided to avoid trains and planes for this reason, and these hurdles are following us here as well. This is so unfair." Rose says.

"Even though this place isn't where we wanted to be, we can ultimately experience the same adventures here," Jack says.

"How?" Rose asks.

"What I had planned was a camping trip in the forest. And I just discovered with the help of Mr. Google that there is a forest here too. While it will obviously not be the same as that one, it can eventually give us the same kind of fun experience." Jack says.

Rose immediately agrees. She is happy again.

"I just received a message from my company. The mechanic will be here in about 30 minutes," says the driver.

"That's wonderful!" Rose says.

"The mechanic will have a car, so I will drop you off at the hotel in his car. He's a very nice man. He won't mind," says the driver.

"Thank you very much."

Jack smiles.

"There are some interesting things to do here if you're interested," the driver says.

"Like what?" asks Rose.

"They are small things, not anything major. For example, about a mile north of here, there is a beautiful picnic spot. There is that forest you just spoke about. There are some farms here too if you want to experience village life. And lastly, there is a nice fortune-teller nearby who is really amazing at predicting the future. These activities could be a nice pastime for you both while you wait for the mechanic to arrive. There is also a small water park here. But as a result of the destruction caused by the storm, it is no longer operational," says the driver.

"fortune-teller! Wow! That sounds really interesting!" Rose says. "What do you say, Jack? Shall we go there now?"

"Uhm. All right! I don't believe in fortune-telling, but it can be entertaining," Jack says.

"Definitely! You will enjoy your time with him! He lives close by," remarks the driver.

"Finally, something exciting to do!" Rose says.

Jack smiles and tells the driver, "Can you please show us the way to his place?"

"You are new here, and the route is a bit complicated. Therefore, it is better that you follow me. I will take you there. It is not very far." the driver replies.

Jack and Rose agree, and the driver leads the way to the fortune-teller's house.

14
THE FORTUNE-TELLER
PERSONAL PRONOUNS, POSSESSIVE PRONOUNS & POSSESSIVE ADJECTIVES

Das Wetter ist angenehm, die Sonne geht unter und die Straße ist ruhig. Jack, Rose und der Fahrer gehen auf das Haus des Wahrsagers zu. Der Klang **ihrer** Schritte hallt wider. Der Fahrer geht zügig **vor ihnen** her. **Er** scheint sehr fit zu sein. Jack kann mit seiner Geschwindigkeit mithalten, Rose jedoch nicht. Einer **ihrer** Schuhe ist kaputt.

„Wie willst **du** in diesen Schuhen laufen? **Dein** anderer Schuh wird auch sehr bald kaputtgehen", sagt Jack lachend.

„Pst! Sag das nicht, Jack! Wenn **mein** anderer Schuh auch kaputtgeht, bekomme **ich** ernsthafte Probleme", sagt Rose.

"Welche Schuhgröße hast du?", sagt Jack und schaut auf ihre winzigen Füße.

"Meine Schuhgröße? Ich weiß, sie ist ziemlich klein", sagt Rose lächelnd.

„Am Rande des Dorfes, in dem **wir** waren, gab es einen sehr schönen Laden. **Sie** hatten auch eine gute Schuhkollektion, aber in diesem Laden gab es keine Kinderabteilung!", bemerkt Jack lachend.

"**Du** machst dich über **mich** lustig! Ich bin das größte Mädchen in **unserer** Familie", sagt Rose lächelnd.

"Wow! Herzlichen Glückwünsch!", sagt Jack.

Sie lacht.

„Wir werden jetzt diese Gasse auf der linken Seite hinuntergehen. **Es** ist ein bisschen steinig, aber es ist der kürzeste Weg", sagt der Fahrer.

„Alles Gute für dich und **deine** Lieben für den weiteren Weg!", sagt Jack und lächelt Rose an.

„Meine Schuhe machen bis jetzt einen tollen Job! Ich schaffe das", sagt Rose, aber er zweifelt.

„Dein anderer Schuh scheint in keinem guten Zustand zu sein. Ich glaube, seine Sohle löst sich auf einer Seite ab", sagt er.

"Nein, alles in Ordnung. Ich schaffe es bis zum Haus des Wahrsagers", sagt sie.

Die Straße ist jetzt sehr schmal und die drei gehen weiter. Es gibt ein paar weit auseinanderliegende Häuser, und der Fahrer zeigt auf das letzte. Das Haus ist nicht allzu groß, aber **es ist** das größte in dieser Gasse. Die Tür ist leicht geöffnet, und durch den Türspalt kann man eine Kristallkugel sehen. Der Fahrer klopft an die Tür und ruft:

"Herr Burgundy! Ich bin es, Paul."

„Oh, hallo Paul! Bitte kommen Sie herein." antwortet der Wahrsager.

„Sie haben zwei Besucher. Ich habe sie mitgebracht."

Jack und Rose hören das Geräusch eines Stuhls, der über den Boden gezogen wird, und dann Schritte. Herr Burgundy kommt zur Tür. Er begrüßt Jack und Rose und sie folgen ihm hinein. Jack gefällt der Ort nicht. Er fühlt sich nicht wohl, aber er sagt nichts. Der Wahrsager führt sie in einen Raum, in dem ein Tisch und Stühle stehen.

„Bitte nehmen Sie Platz", sagt der Wahrsager.

„Genießen Sie diese Sitzung. Ich werde im Auto

warten. Der Mechaniker wird gleich da sein", sagt der Fahrer und geht.

Jack und Rose setzen sich und der Wahrsager sitzt ihnen gegenüber.

„Okay, wer möchte anfangen?", fragt der Mann.

"Ich!", antwortet Rose antwortet.

Der Wahrsager lacht und bittet sie, ihm ihre Hand zu reichen.

„Sie sind also ein Handleser. Benutzten Sie keine Kristallkugel?", fragt Jack.

Rose ist verwirrt. Sie hat keine Ahnung vom Handlesen oder von Kristallkugeln.

"Ja! Ich benutze beides", sagt der Wahrsager.

Rose streckt ihre Handfläche aus und sagt: „Ich bin bereit."

Der Wahrsager untersucht sorgfältig ihre Handfläche und die verschiedenen Linien darauf. Er zeichnet etwas auf ein Blatt Papier.

„Sie sind ein Mädchen, das viel Glück hat! Sie sind sehr künstlerisch. Arbeiten Sie in der Kunstbranche?", fragt er.

Rose ist sehr beeindruckt. "Ja, tatsächlich!" sagt sie.

Der Wahrsager lacht. „Machen Sie weiter, und Sie werden sehr erfolgreich sein. Sie werden mit Kunst viel Geld verdienen! Sind Sie in der jüngeren Vergangenheit auf einige Hindernisse gestoßen? Wie Probleme mit der Arbeit und auf Reisen?"

Rose ist sehr überrascht, diese Frage zu hören, und Jack ist auch ein wenig schockiert.

"Ja! Es begann mit einem Bahnstreik und hat seitdem nicht nachgelassen. Der Grund, warum wir hier sind, ist, dass unser Taxi eine Panne hatte.", sagt Rose.

„Ich werde das Problem für Sie lösen."

Der Wahrsager holt drei kleine Kristallfächer aus

einem Schrank in der Nähe. Er legt die Kristallkugel auf den Tisch und rezitiert etwas.

„Oh, Kristallkugel, nimm alle Probleme dieses Mädchens und dieses Mannes weg! Bring sie sicher nach Hause!", sagt der Wahrsager und stellt seinen Fächer daneben. Er signalisiert Jack und Rose ebenfalls, **ihre** zu platzieren, und sie tun dies. Jack ist etwas zögerlich und misstrauisch, aber Rose ist sehr beeindruckt und aufgeregt. Er fährt fort, die nächsten paar Minuten Mantras zu rezitieren. Jack spürt, dass etwas nicht stimmt und signalisiert Rose dies. Rose stimmt nicht zu. Sie fragt stattdessen:

„Können Sie etwas über mein Liebesleben vorhersagen?"

"Ja, natürlich! Was möchten Sie wissen?"

„Wann treffe ich meinen Partner fürs Leben?", fragt Rose und errötet.

Der Mann beobachtet etwas auf ihrer Handfläche und auf dem Papier. „Sie kennen **ihn** schon!", sagt er.

"Was?!", ruft Rose.

"Ja. Sie sind ihm bereits begegnet."

"Wirklich? Wer kann das sein?", wundert sich Rose.

„Er ist der Mann, der neben Ihnen sitzt!", sagt der Wahrsager.

Jack steht überrascht von seinem Stuhl auf. „Was sagen Sie da? Ich bin in jemand anderen verliebt!", sagt Jack.

Rose errötet. Sie freut sich sehr über die Vorhersage Wahrsagers.

„Sie werden diese Frau heiraten! Merken Sie sich meine Worte."

Jack weiß nicht, wie er reagieren soll. Er ist überrascht über das Selbstbewusstsein des Wahrsagers.

„So viele Paare sind zu mir zurückgekommen und haben gesagt, dass sich meine Vorhersage bewahrheitet hat!", sagt der Wahrsager. „Alle Hindernisse, mit denen Sie bisher in Bezug auf Ihre Reise konfrontiert waren, werden bald überwunden sein."

"Vielen, vielen Dank! Sie sind wirklich bemerkenswert!", sagt Rose.

„Zeigen Sie **mir** Ihre Handfläche, junger Mann. Lassen Sie mich Ihnen sagen, was Ihre Zukunft bringt", sagt der Wahrsager zu Jack.

„Sie haben bereits etwas Unverschämtes gesagt! Ich bin schockiert!", sagt Jack und streckt **seine** Hand aus.

„Haben Sie spezielle Fragen?"

"Nicht wirklich! Eigentlich fällt mir nichts ein", sagt Jack.

"Macht nichts! Ich werde Ihnen einen allgemeinen Überblick geben", sagt der Wahrsager und beginnt, etwas auf das Papier zu zeichnen, ähnlich wie er es für Roses Handfläche getan hat. Er sagt Jack eine glänzende Zukunft voraus. Rose stellt dem Wahrsager einige weitere Fragen über ihr Leben und die beiden verbringen eine halbe Stunde dort, bevor Jack den Wahrsager bezahlt.

"Vielen Dank! Es war sehr nett, Sie zu kennen zu lernen! Sie haben einige wirklich gute und unglaubliche Dinge über meine Zukunft vorhergesagt! Ich werde mich auf jeden Fall bei Ihnen melden, falls ich diese zierliche Frau heiraten sollte", sagt Jack lächelnd.

Der Wahrsager lacht herzlich und sagt: „Ihr werdet ein glückliches Leben zusammen haben! All meinen Segen für Sie beide! Alles Gute! **Ihre** ist eine der besten Handflächen, die ich bisher gesehen habe."

„Ich weiß nicht, was **es** mit meiner Handfläche auf sich hat, aber ich bin mir sicher, dass **unsere** Freundschaft die beste aller Zeiten sein wird", sagt Rose.

Jack und Rose danken dem Wahrsager und gehen.

SUMMARY

Der Fahrer bringt Jack und Rose zum Haus des Wahrsagers. Rose geht unterwegs der Schuh kaputt, sie schafft es aber trotzdem, bis zum Ziel zu laufen. Der Fahrer stellt sie dem Wahrsager vor und geht. Der Wahrsager untersucht die Handflächen von Jack und Rose und macht eine Reihe von Vorhersagen über ihre jeweilige Zukunft. Die unglaublichste Vorhersage von allen ist, dass Jack und Rose heiraten werden. Diese Vorhersage schockiert Jack.

———

WORDS TO REMEMBER

1. **Ihr** - Their
2. **Vor ihnen** – In front of them
3. **Sie** - They
4. **Sie** - Her
5. **Seine** - His
6. **Du** - You
7. **Dein** - Your
8. **Ich** - I
9. **Mein** - My
10. **Mir** - Me
11. **Wir** - We
12. **Meine** - Mine
13. **Unser** - Our
14. **Sie** - She
15. **Es** - It
16. **Deine** - Yours
17. **Er** - He

18. **Es ist** – It is
19. **Ihre** - Theirs
20. **Ihn** - Him
21. **Ihres** - Hers
22. **Unsere** - Ours

QUESTIONS

1. Welches Problem hat Rose auf dem Weg zum Haus des Wahrsagers?

- a. Sie tut sich weh
- b. Sie hat einen Unfall
- c. Ihr Schuh geht kaputt
- d. Sie verliert ihre Tasche

2. Welche der folgenden Aussagen trifft auf das Haus des Wahrsagers zu?

- a. Es ist kaputt
- b. Es ist rot
- c. Es ist aus Marmor
- d. Es ist das größte Haus in der Gasse

3. Wie fühlt sich Jack, als er das Haus zum ersten Mal betritt?

- a. Er fühlt sich sehr glücklich

- b. Er fühlt sich nicht wohl
- c. Er ist sehr beeindruckt
- d. Er ist sehr aufgeregt

4. Welche ist die schockierendste Vorhersage des Wahrsagers?

- a. Jack und Rose werden heiraten
- b. Jack wird der reichste Mann der Welt
- c. Rose wird eine Berühmtheit
- d. Rose und Jack werden zu Feinden

5. Worüber neckt Jack Rose?

- a. Ihr Gewicht
- b. Ihr Kleid
- c. Ihre Nase
- d. Ihre Schuhgröße

―――――

ANSWERS

1. **c.** Ihr Schuh geht kaputt
2. **d.** Es ist das größte Haus in der Gasse
3. **b.** Er fühlt sich nicht wohl
4. **a.** Jack und Rose werden heiraten
5. **d.** Ihre Schuhgröße

ENGLISH TRANSLATION

The weather is pleasant, the sun is about to set, and the road is quiet. Jack, Rose, and the driver are walking towards the house of the fortune-teller. The sound of their footsteps is echoing. The driver walks briskly in front of the two of them. He appears to be very fit. Jack can catch up to his speed, but Rose is cannot. One of her shoes is broken.

"How are you going to walk in these shoes? Your other shoe will also break very soon," Jack says laughing.

"Shush! Don't say that, Jack! If my other shoe breaks, I will be in serious trouble," Rose says.

"What's your shoe size?" Jack says, looking at her tiny feet.

"Mine? I know, it's quite small," Rose says smiling.

"There was a very nice store on the outskirts of that village that we were in. They also had a good collection of shoes, but there was no kids section in that store!" Jack remarks laughing.

"You are making fun of me! I am the tallest girl in our family," Rose says smiling.

"Wow! Congratulations!" says Jack.

She laughs.

"We will now go down this lane on the left. It is a bit rocky, but it's the shortest route," the driver says.

"All the best to you and yours for the journey ahead!" Jack says smiling at Rose.

"My shoes are doing a great job until now! I will manage," says Rose, but he is doubtful.

"Your other shoe doesn't seem to be in good condition. I think its sole is coming out on one side," he says.

"No, it's fine. I'll make it to the fortune-teller's house," she says.

The road is very narrow now and the three of them continue to walk. There are a few houses spread far apart, and the driver points at the last one. The house is not too large, but it's the largest one on that lane. The door is open slightly, and through it, you can see a crystal ball. The driver knocks on the door and calls out,

"Mr. Burgundy! It's me, Paul."

"Oh, hello, Paul! Please come in." the fortune-teller replies.

"You have two visitors. I have brought them with me."

Jack and Rose hear the sound of a chair being dragged on the floor and then footsteps. Mr. Burgundy comes to the door. He greets Jack and Rose and they follow him inside. Jack doesn't like the place. He is uncomfortable, but he says nothing. The fortuneteller takes them into a room where there is a table and chairs.

"Please have a seat," says the fortune-teller.

"You enjoy this session, now. I will wait in the car. The mechanic will be here soon," the driver says and leaves.

Jack and Rose sit down and the fortuneteller sits opposite them.

"Ok, so who would like to start?" the man asks.

"Me!" Rose immediately responds.

The fortune-teller laughs and asks her to present her hand.

"So you are a palmist. Don't you use a crystal ball?" Jack asks.

Rose is confused. She knows nothing about palmistry or crystal balls.

"Yes! I use both," says the fortune-teller.

Rose extends her palm and says, "I am ready."

The fortune-teller carefully examines her palm and the

various lines on it. He draws out something on a piece of paper.

"You are a very fortunate girl! You are very artistic. Do you work in the art field?" he asks.

Rose is very impressed. "Yes, absolutely!" she says.

The fortune-teller laughs. "Just continue, and you will be very successful. You will make a lot of money with art! Did you face some obstacles in the recent past? Like problems with work and travel?"

Rose is very surprised to hear this question, and Jack is a little shocked too.

"Yes! It started with a train strike and hasn't let up since. The reason we are here is that our cab broke down." Rose says.

"I will solve the problem for you."

The fortune-teller fetches three little crystal fans from a cupboard nearby. He places the crystal ball on the table and recites something.

"Oh, crystal ball, take away all the problems of this girl and this man! Take them home safely!" the fortune-teller says and places his fan near it. He signals Jack and Rose also to place theirs, and they do so. Jack is a bit hesitant and suspicious, but Rose is very impressed and excited. He continues to recite some mantras for the next few minutes. Jack feels that something is not right and he signals this to Rose. Rose doesn't agree. She instead asks,

"Can you predict something about my love life?"

"Yes, of course! What do you want to know?"

"When will I meet my life partner?" Rose asks with a blush.

The man observes something on her palm and on the paper. "You already know him!" he says.

"What?!" exclaims Rose.

"Yes. You have met him."

"Really! Who can that be?" Rose wonders.

"He's the man sitting next to you!" says the fortune-teller.

Jack stands up from his chair in surprise. "What are you saying, sir? I'm in love with someone else!" Jack says.

Rose blushes. She feels very happy to hear the fortune-teller's prediction.

"You will marry this woman! Mark my words."

Jack doesn't know how to react. He's surprised at the fortune-teller's confidence.

"So many couples have come back to me saying that my prediction has come true!" says the fortune-teller. "All the obstacles you were facing until now with regard to your travel will be over soon."

"Thank you so much, sir! You are really amazing!" Rose says.

"Show me your palm, gentleman. Let me tell you what your future holds," the fortune-teller tells Jack.

"You have already said an outrageous thing! I am shocked!" Jack says and extends his hand.

"Do you have any particular questions?"

"Not really! Actually, I am unable to think of anything," Jack says.

"Never mind! I will give you a general overview," the fortune-teller says and begins drawing something on the paper, similarly to what he did for Rose's palm. He predicts a very bright future for Jack. Rose asks the fortuneteller some more questions about her life, and the two of them spend half an hour there before Jack pays the fortune-teller.

"Thank you very much, sir! It was very nice meeting you! You have predicted some really good and unbelievable things for my future! I will definitely get in touch with you in case I happen to marry this petite woman." Jack says, smiling.

The fortune-teller laughs heartily and says, "You will have a happy life together! All my blessings to you both! All the best! Hers is one of the best palms I have ever seen so far."

"I don't know about my palm, or ours, but I'm sure ours is going to be the best friendship ever," Rose says.

Jack and Rose thank the fortune-teller and leave.

15
THE HOTEL
COMMON EVERYDAY OBJECTS

Jack und Rose sind auf dem Weg zurück zum Auto. Jack schaut auf sein **Handy**, es ist 19 Uhr. Die Worte des Wahrsagers über die Heirat mit Rose sind ihm immer noch in Erinnerung. Rose denkt über dasselbe nach. Vor Freude schwingt sie ihre **Handtasche** in der Hand, als sie mit ihren kaputten **Schuhen** über den steinigen Weg geht. Sie sagen nichts zueinander. Sie erreichen die Hauptstraße und finden dort den Fahrer und den Mechaniker.

„Was ist mit dem Auto los?", fragt Jack den Fahrer.

"Oh Hallo. Sie sind zurück!", sagt der Fahrer und setzt seine **Brille** auf. „Der Mechaniker hat den Motor überprüft. Er denkt, dass er das Auto in seine Werkstatt bringen muss, um das Problem zu beheben."

"OK. Also lasst uns unsere **Koffer** aus dem Auto ausladen", sagt Jack und steckt seine **Geldbörse** in die Tasche seiner **Jeans**.

„Warte, Jack! Ich werde dir helfen!", sagt Rose, geht langsam auf ihn zu und schleift ihre Schuhe über den Boden.

„Fräulein Zierlich, danke. Du kümmerst dich um dich selbst, ich kümmere mich um deine Tasche", sagt Jack.

„Willst du dich nicht um mich kümmern?", flüstert sie.

"Entschuldige? Das habe ich nicht gehört", sagt Jack.

"Nichts! Ich sagte: 'Gib mir deinen **Stift**, ich werde ihn halten.'"

"Wirklich?!"

"Na sicher!", sagt sie selbstbewusst.

„Fräulein Zierlich, ich habe keinen Stift in der Hand. Tatsächlich hat mein **Hemd** nicht einmal eine Tasche, um einen Stift darin aufzubewahren. Überlege dir eine Antwort, während ich die Koffer auslade", sagt Jack und geht weg.

Rose ist verlegen. Sie steht lächelnd da und sagt nichts.

„Können Sie uns mit dem Auto des Mechanikers am Hotel absetzen?", fragt Jack den Fahrer.

„Oh ja, auf jeden Fall! Lassen Sie mich die Schlüssel von ihm holen!", antwortet der Fahrer und geht, um die Schlüssel vom Mechaniker zu holen.

Jack sieht Rose an und sie erwidert seinen Blick.

„Lass mich kurz mein Gesicht und meine Haare überprüfen, bevor wir gehen", sagt sie und öffnet ihre Handtasche.

Sie nimmt zuerst einen **Kamm** und fährt damit durch ihr glänzendes schwarzes Haar. Dann holt sie einen Spiegel heraus und überprüft ihr Haar darin. Sie rundet ihren Look schließlich ab, indem sie ihre Lieblings**lotion** und einen rosa **Lippenstift** anwendet und das Ganze mit einem großzügigen Sprüher ihres **Parfüms** vervollständigt.

"Ich bin soweit!", sagt Rose und packt all ihre Sachen zurück in ihre Handtasche.

„Hast du ein zusätzliches Paar Schuhe?", fragt Jack, während er ihre kaputten Schuhe betrachtet.

"Nein. Ich hatte nicht damit gerechnet, dass so etwas passiert."

„Sind wir bereit, zum Hotel zu fahren?", fragt der Fahrer aus dem Auto des Mechanikers.

Jack und Rose steigen ins Auto und der Fahrer fährt los. In etwa zehn Minuten erreichen sie das Hotel. Das Hotel ist ein kleines Gebäude in der Nähe des Waldes. Jack und Rose steigen aus dem Auto, laden ihre Taschen aus, danken dem Fahrer und gehen hinein.

„Guten Abend, mein Herr; guten Abend, meine Dame! Herzlich willkommen!", sagt der Rezeptionist.

"Hallo!", sagt Jack. „Wir möchten hier zwei Zimmer für die Nacht reservieren", fügt er hinzu.

"Selbstverständlich. Bitte setzen sie sich", antwortet der Mann.

Er tippt etwas in den **Computer** ein und wählt dann eine Nummer am **Telefon**. Er spricht ca. 5 Minuten mit seinem Kollegen auf der anderen Seite und legt dann auf.

„Wir haben nur ein Einzelzimmer frei. Sind Sie damit einverstanden?", sagt der Mann.

"Gar nicht!", antwortet Jack.

"In Ordnung. Dann gibt es noch eine andere Möglichkeit. Wir haben eine Suite mit zwei Schlafzimmern. Möchten Sie das nehmen?"

"Das ist besser. Wie viel kostet es pro Nacht?", fragt Jack.

„Wie lange möchten Sie bei uns bleiben?", fragt der Mann und kritzelt mit seinem **Bleistift** etwas auf seinen **Notizblock**.

„Zwei Nächte."

Er zückt seinen Taschenrechner und gibt ein paar

Zahlen ein. „Das wären 120 Euro pro Nacht, inklusive aller Steuern."

„Bitte erlaube mir, für eine Nacht zu bezahlen, Jack", unterbricht Rose.

Jack stimmt zu und die Zahlungen werden geleistet. Der Mann übergibt Jack die Zimmerschlüssel und gibt ihm auch ein **Buch** mit Details über alle Annehmlichkeiten des Hotels.

„Bei Ihrem Aufenthalt ist das Frühstück für beide Nächte inbegriffen. Wir organisieren auch Tagesausflüge für unsere Gäste zu einigen beliebten Touristenorten in der Nähe. Wenn Sie einen Ausflug planen wollen, können Sie sich gerne mit mir in Verbindung setzen. Genießen Sie Ihren Aufenthalt bei uns", sagt der Mann.

"Sicher. Vielen Dank!", sagt Jack und die beiden gehen auf ihr Zimmer.

„Es ist ein schönes Zimmer!", sagt Rose.

„Ja, ziemlich gut für diesen Ort", antwortet Jack.

„Sollen wir jetzt essen gehen? Dann können wir planen, was wir morgen unternehmen wollen," schlägt Rose vor.

„Die Tagesausflüge, von denen der Mann an der Rezeption gesprochen hat, klingen ganz nett. Wir können morgen einen in den Wald unternehmen."

"Großartige Idee! Ich freue mich darauf, den Wald zu besuchen", sagt Rose und macht einen kleinen Tanz.

„Mach nicht den Fehler zu denken, dass ich dich auffangen werde, wenn deine Schuhe versagen und du hinfällst", scherzt Jack.

„Ich weiß, was für ein Gentleman du bist, und du bist auch mein Freund. Ich bin mir sicher, dass du mich auffangen wirst."

Es klingelt an der Tür und Jack geht, um zu sehen, wer da ist.

"Guten Abend! Hier sind Ihre Taschen", sagt der Mann auf der anderen Seite.

Jack lässt ihn ein. Der Mann arrangiert beide Taschen auf der Gepäckablage und sagt: „Bitte gestatten Sie mir einen Moment, um Ihnen alles zu zeigen, was dieses Zimmer zu bieten hat."

„Ja, bitte fahren Sie fort", sagt Jack.

"Danke", sagt der Mann und erzählt den beiden vom Fernseher, der **Lautsprechern**, der **Stereoanlage**, der Minibar und den Möglichkeiten, im Zimmer zu speisen.

„Gibt es irgendwelche Möglichkeiten, **Kleidung** oder Schuhe für den Waldausflug zu leihen?", fragt Rose.

„Leider nicht. Sie können eine **Kamera** für einen Tag ausleihen, wenn Sie möchten. Ein Set mit einigen grundlegenden Erste-Hilfe-Artikeln, einer **Schere**, einigen gängigen **Medikamenten** und einer Taschenlampe ist in jedem Tagestourpaket enthalten und wird Ihnen zum Zeitpunkt der Buchung ausgehändigt", sagt der Mann.

"OK. Danke", sagt Rose.

Der Mann geht.

„Ich werde mich schnell fürs Abendessen schick machen", sagt Rose und holt ihr **Make-up**-Set aus ihrer Tasche.

„Schnell, Fräulein Zierlich!", sagt Jack und stellt seinen **Laptop** auf den Tisch.

„Ich kann den **Mülleimer** in diesem Zimmer nicht finden, Jack. Wo ist er?", fragt Rose.

"Er ist genau dort, wo deine wunderschön kaputten Schuhe sind", scherzt Jack.

„Das kann nicht dein Ernst sein!", sagt Rose und wirft ihre **Bürste** nach Jack. Jack lächelt.

―――

SUMMARY

Jack und Rose kommen im Hotel an und beziehen eine Suite für das Wochenende. Das Hotelpersonal stellt ihnen alle verfügbaren Annehmlichkeiten und Tourpakete vor. Zwischen den beiden entwickelt sich eine freundschaftliche und scherzhafte Bindung.

WORDS TO REMEMBER

1. **Handy** - Mobile phone
2. **Schuhe** - Shoes
3. **Handtasche** - Handbag
4. **Brille** - Glasses
5. **Koffer** - Suitcases
6. **Geldbörse** - Wallet
7. **Jeans** - Jeans
8. **Stift** - Pen
9. **Hemd** - Shirt
10. **Kamm** - Comb
11. **Lippenstift** - Lipstick
12. **Parfüm** - Perfume
13. **Lotion** - Lotion
14. **Telefon** - Telephone
15. **Computer** - Computer
16. **Bleistift** - Pencil
17. **Notizblock** - Notepad
18. **Buch** - Book
19. **Stereoanlage** - Stereoanlage
20. **Lautsprecher** - Speaker
21. **Medikamente** - Medicines

22. **Kleidung** - Clothes
23. **Kamera** - Camera
24. **Schere** - Scissors
25. **Laptop** - Laptop
26. **Make-up** – Make up
27. **Bürste** - Brush
28. **Mülleimer** - Garbage

QUESTIONS

1. Was für ein Zimmer buchen Jack und Rose für ihren Aufenthalt im Hotel?

- a. Ein Deluxe-Zimmer
- b. Ein Standardzimmer
- c. Ein Executive-Zimmer
- d. Eine Suite

2. Was gibt der Rezeptionist Jack zusammen mit den Schlüsseln?

- a. Ein Buch
- b. Eine Karte
- c. Einen Stift
- d. Einen Rabattgutschein

3. Welche der folgenden Aussagen ist richtig?

- a. Die Suite hat fünf Zimmer
- b. Die Suite ist für Jack und Rose kostenlos
- c. Die Suite ist nicht verfügbar
- d. Die Suite verfügt über eine Minibar

4. Was macht Rose, nachdem sie ins Zimmer gegangen ist?

- a. Sie macht sich schick für das Abendessen
- b. Sie ruft ihre Mutter an
- c. Sie duscht
- d. Sie geht ins Bett

5. Was kann Rose im Zimmer nicht finden?

- a. Den Fernseher
- b. Den Mülleimer
- c. Die Minibar
- d. Das Sofa

ANSWERS

1. **d.** Eine Suite
2. **a.** Ein Buch
3. **d.** Die Suite verfügt über eine Minibar
4. **a.** Sie macht sich schick für das Abendessen
5. **b.** Den Mülleimer

ENGLISH TRANSLATION

Jack and Rose are on their way back to the car. Jack checks his mobile phone, and the time is 7 p.m. The words of the fortune-teller about marrying Rose are still on his mind. Rose is thinking about the same thing. She swings her handbag in her hand in joy as she makes her way across the rocky lane in her broken shoes. They say nothing to one another. They reach the main road and find the driver and the mechanic there.

"What's wrong with the car?" Jack asks the driver.

"Oh, hello. sir! You're back!" the driver says and puts on his glasses. "The mechanic has checked the engine. He feels he will have to take the car to his shop to fix the issue."

"Ok. So, let's unload our suitcases from the car then." Jack says and slips his wallet into the pocket of his jeans.

"Wait, Jack! I'll help you!" Rose says and walks slowly towards him dragging her shoes on the ground.

"Miss Petite, thank you. You handle yourself, I will handle your bag." Jack says.

"Will you not handle me?" she whispers.

"Sorry? I didn't hear that," says Jack.

"Nothing! I said, "Give me your pen, I will hold it."

"Really?!"

"Of course!" she says confidently.

"Miss Petite, I don't have a pen in my hand. In fact, my shirt doesn't even have a pocket to hold one. Think of a reply while I unload the suitcases." Jack says and goes away.

Rose is embarrassed. She stands up there smiling and says nothing.

"Will you be able to drop us at the hotel in the mechanic's car?" Jack asks the driver.

"Oh, yes, definitely! Let me get the keys from him!" the driver replies and goes to fetch the keys from the mechanic.

Jack looks at Rose and she looks back.

"Let me just check my face and hair before we leave," she says and opens her handbag.

She first takes out a comb and runs it through her shiny black hair. She then pulls out a mirror and checks her hair in it. She finally finishes her look with an application of her favorite lotion, a pink lipstick, and a generous spraying of perfume.

"I am ready to go!" Rose says putting all her belongings back into her handbag.

"Do you have an additional pair of shoes?" Jack asks while looking at her broken ones.

"No. I never imagined this happening."

"Are we ready to go to the hotel?" the driver asks from inside the mechanic's car.

Jack and Rose get into the car, and the driver takes them away. In about ten minutes, they arrive at the hotel. The hotel is a small building near the forest. Jack and Rose get out of the car, unload their bags, thank the driver, and walk in.

"Good evening, sir, good evening, madam! Welcome!" says the receptionist.

"Hello!" says Jack. "We would like to reserve two rooms here for the night," he adds.

"Sure sir. Please take a seat." replies the man.

He types something on the computer and then dials a number on the telephone. He speaks to his colleague on the other side for about five minutes and then hangs up.

"We only have one single room available, sir. Are you okay with that?" says the man.

"Not at all!" Jack replies.

"All right. So, then there is another option. We have a two-bedroom suite. Would you like to take that?"

"That's better. How much does it cost per night?" Jack asks.

"For how long would you like to stay with us?" the man asks and scribbles something on his notepad with his pencil.

"Tonight and tomorrow night."

He pulls out his calculator and puts in some numbers. "That will be €120 per night, inclusive of all taxes."

"Please allow me to pay for one night, Jack." Rose interrupts.

Jack agrees and the payments are made. The man hands over the keys to the room to Jack and also gives him a book containing details about all the amenities of the hotel.

"You have breakfast included with your stay for both nights sir. We also organize day tours for our guests to some popular tourist locations nearby. If you need to plan one, please feel free to get in touch with me. Enjoy your stay with us." says the man.

"Sure. Thank you!" Jack says and the two of them go to their room.

"It's a nice room!" says Rose.

"Yeah, quite good for this place," Jack replies.

"Shall we go for dinner now? Then we can plan what to do tomorrow." Rose suggests.

"The day tours the man at the desk was talking about sound quite nice. We can take one to the forest tomorrow."

"Great idea! I am excited to visit the forest." Rose says, doing a little dance.

"Don't make the mistake of thinking that I will hold you if your shoes fail you and you fall down." Jack jokes.

"I know what a gentleman you are and you are also my friend. I am certain you will hold me."

The doorbell rings and Jack goes to check the door.

"Good evening, sir! Here are your bags." says the man on the other side.

Jack lets him in. The man arranges both bags on the luggage rack and says, "Please allow me a moment to introduce you to all the facilities that are available in this room."

"Yes, please go ahead," Jack says.

"Thank you, sir." the man says and tells the two of them about the TV set, the speaker and stereo system, the minibar, and the in-room dining options.

"Do you have any product rental facilities like clothes or shoes for the forest trip?" Rose asks.

"No, madam. You can rent a camera for a day if you please. A kit containing some basic first aid items, a pair of scissors, some common medicines, and a torch is included with every day tour package and will be given to you at the time of booking." says the man.

"Ok. Thank you," says Rose.

The man leaves.

"I will quickly dress up for dinner," Rose says and removes her makeup kit from her bag.

"Fast, Miss Petite!" Jack says and places his laptop on the table.

"I can't find the garbage bin in this room, Jack, where is it?" Rose asks.

"It's right where your beautiful, broken shoes are." Jack jokes.

"You can't be serious!" Rose says and throws her brush at Jack. Jack smiles.

16
SATURDAY
NUMBERS

Jack und Rose wachen am nächsten Morgen früh auf und machen sich bereit, in den Wald aufzubrechen. Es gibt **fünfzehn** Zimmer auf ihrer Etage und ihres ist dem Aufzug am nächsten.

„Was meinst du, wie viele Zimmer dieses Hotel insgesamt hat?", fragt Rose, als sie die Tür ihres Zimmers schließen und den Flur hinuntergehen.

„Dieses Hotel hat **zwei** Stockwerke. Wenn beide Stockwerke die gleiche Anzahl an Zimmern haben, müssten es **dreißig** sein", antwortet Jack.

„Ich glaube, sie haben auch Zimmer im Erdgeschoss."

"Tatsächlich?"

"Ja. Ich habe dort **fünf** Zimmer gesehen, als wir gestern Abend zum Abendessen gingen. Das macht also **fünfunddreißig** Zimmer", sagt Rose.

„Nicht schlecht, Fräulein Zierlich! Du bist gut in Mathe!", neckt Jack.

Der Fahrstuhl kommt und sie steigen ein. Darin befinden sich bereits zwei Männer und **drei** Frauen. Jack fühlt sich unwohl wegen der vielen Menschen im Aufzug, aber er sagt nichts.

Als sie das Erdgeschoss erreichen, gehen alle schnell hinaus. Jack und Rose gehen zur Rezeption. Dort sind **vier** Männer, aber die Person, mit der sie letzte Nacht gesprochen haben, ist nicht zu finden.

„Wie kann ich Ihnen helfen?", fragt **ein** Mann Jack.

„Wir haben für heute die Tagestour durch den Wald gebucht", sagt Jack.

"Gut. Die Tour beginnt um **sechs**, in **fünfundzwanzig** Minuten. Bitte nehmen Sie Platz und ich werde Sie informieren, sobald der Tourbus ankommt", sagt der Mann.

"Sicher! Vielen Dank", sagt Jack.

"Was ist Ihre Zimmernummer?", fragt der Mann.

"**Dreizehn**."

„Und haben Sie irgendwelche Taschen?"

„Nur eine Handtasche."

"OK", sagt der Mann und notiert die Details.

Jack und Rose setzen sich auf die bequem gepolsterten Sofas in der Lobby. Die Lobby ist klein und gemütlich. Es ist weitgehend leer. Die **sieben** Personen, die mit Jack und Rose im Fahrstuhl waren, sind nirgendwo zu sehen. Nach etwa **zwanzig** Minuten kommt **ein** Reisebus an. Es ist ein **Zwölf**sitzer. Der Mann an der Rezeption informiert Jack und Rose, dass sie in den Bus einsteigen können.

„Wenn Sie möchten, können Sie im Bus Platz nehmen", sagt der Mann.

"Wann fährt der Bus ab?", fragt Rose.

„In genau **achtzehn** Minuten", sagt der Mann. „Aufgrund einiger technischer Probleme im Fahrzeug gab es eine kleine Verzögerung. Ab diesem Hotel nehmen sieben weitere Personen an der Tour teil. Sobald sie ankommen, fährt der Bus ab."

"Gut!", sagt Rose.

Die Zeit vergeht und der Bus füllt sich. Die Reise

beginnt zum richtigen Zeitpunkt. Der Bus erreicht bald den Wald. Alle Passagiere steigen aus und der Reiseleiter sagt:

„Achtung, meine Damen und Herren! Wir werden jetzt unsere Wanderung beginnen. Bitte bleiben Sie bei der Gruppe und zögern Sie nicht, auf mich zuzukommen, wenn Sie irgendetwas brauchen."

Der Reiseleiter verteilt Landkarten an alle Touristen und alle machen sich auf den Weg. Es gibt über **tausend** Baumarten und **hundert** verschiedene Tier- und Vogelarten im Wald. Jack und Rose genießen die Schönheit der Natur.

„Dieser Ort ist so ruhig, nicht wahr?", sagt Jack.

"Ja, ist es. Darf ich dich etwas fragen?", sagt Rose.

"Ja."

„Was hast du gedacht, als der Wahrsager sagte, dass wir heiraten werden?"

"Unmöglich!"

„Hast du das wirklich gedacht?"

"Ja. Schau, Rose, bitte baue keine Hoffnungen oder Träume aufgrund dessen, was er gesagt hat. Ich liebe jemand anderes", sagt Jack.

Rose sagt nichts.

„Es tut mir leid, Rose", sagt Jack.

Sie sagt nichts und verschwindet hinter den Bäumen.

"Wo gehst du hin?", ruft Jack.

"Warte dort! Ich komme!", sagt Rose.

Sie kommt **zehn** Minuten später mit **fünfzig** Rosen in der Hand zurück.

„Jack, ich weiß nicht, was du über mich denkst. Ich weiß nicht, ob du mich jemals lieben wirst, aber es ist mir egal. Ich weiß nur, dass du mir die Welt bedeutest. Ich liebe dich, Jack, und das werde ich für den Rest meines Lebens tun. Du bist nicht gezwungen, mich zurück zu lieben. Meine Worte mögen dir unwirklich erscheinen, aber meine Gefühle für dich sind absolut rein und wahr", sagt Rose.

Alle anderen Mitglieder der Wandergruppe klatschen in die Hände und jubeln. Jack ist völlig sprachlos.

„Ich weiß es wirklich zu schätzen, was du für mich empfindest, Rose. Ich danke dir sehr! Du wirst immer etwas Besonderes für mich sein", sagt Jack und umarmt Rose. Die Wanderung geht zu Ende und alle Touristen, einschließlich Jack und Rose, kehren zum Hotel zurück. Jack kann sich mit Roses Geständnis nicht abfinden. Sie tut ihm leid. Kathryns Gesicht erscheint vor seinen Augen.

„Bitte vergib mir, Rose! Mein Herz schlägt nur für Kathryn", denkt Jack bei sich.

―――――

SUMMARY

Jack und Rose machen sich zusammen mit einer Gruppe anderer Leute auf den Weg in den Wald. Sie genießen die Natur und die Tierwelt. Rose bringt dann ihre Gefühle für Jack zum Ausdruck. Jack lehnt sie höflich ab, weil er Kathryn liebt. Er betrachtet Rose als eine besondere Freundin.

―――――

WORDS TO REMEMBER

1. **Fünfzehn** - Fifteen

2. **Dreißig** - Thirty
3. **Fünf** - Five
4. **Fünfunddreißig** - Thirty-five
5. **Zwei** - Two
6. **Drei** - Three
7. **Vier** - Four
8. **Sechs** - Six
9. **Fünfundzwanzig** - Twenty-five
10. **Dreizehn** - Thirteen
11. **Zehn** - Ten
12. **Eins** - One
13. **Zwanzig** - Twenty
14. **Zwölf** - Twelve
15. **Achtzehn** - Eighteen
16. **Sieben** - Seven
17. **Hundert** - Hundred
18. **Tausend** - Thousand
19. **Fünfzig** - Fifty

QUESTIONS

1. Wie viele Zimmer gibt es in dem Hotel, in dem Jack und Rose übernachten?

- a. Sechs
- b. Siebenundzwanzig
- c. Zweiunddreißig
- d. Fünfunddreißig

2. Wie viele Personen reisen von ihrem Hotel aus im Bus mit Jack und Rose?

- a. Fünf
- b. Sieben
- c. Neun
- d. Elf

3. Was gibt der Reiseleiter allen Touristen vor der Wanderung mit?

- a. Eine Landkarte
- b. Einen Regenschirm
- c. Einen Korb
- d. Ein Paar Schuhe

4. Was gibt Rose Jack im Wald?

- a. Ein Stück Kuchen
- b. Eine Schachtel Pralinen
- c. Fünfzig Rosen
- d. Ein Eis

5. Was erzählt Rose Jack über ihre Gefühle?

- a. Ich liebe dich, und das werde ich für den Rest meines Lebens tun.
- b. Ich hasse dich jetzt und für immer

- c. Du bist mein bester Freund
- d. Ich mag dein Lächeln

ANSWERS

1. **d.** Fünfunddreißig
2. **b.** Sieben
3. **a.** Eine Landkarte
4. **c.** Fünfzig Rosen
5. **a.** Ich liebe dich, und das werde ich für den Rest meines Lebens tun

---

ENGLISH TRANSLATION

Jack and Rose wake up early the next morning and get ready to leave for the forest. There are fifteen rooms on their floor and theirs is the closest to the elevator.

"How many rooms do you think this hotel has in total?" Rose asks as they shut the door of their room and walk down the hallway.

"This hotel has two floors. If both floors have the same number of rooms, there must be thirty," Jack replies.

"I think they also have rooms on the ground floor."

"Do they?"

"Yes. I saw five of them when we went down for dinner last evening. So that makes it thirty-five rooms," says Rose.

"Not bad, Miss Petite! You are good at math!" Jack teases.

The elevator arrives and they get on. There are already

two men and three women in there. Jack is uncomfortable about the large number of people in the elevator, but he says nothing.

As they reach the ground floor, everyone exits rapidly. Jack and Rose walk to the front desk. There are four men there but the person they spoke to last night is not to be found.

"How may I help you, sir?" one man asks Jack.

"We have a booking for the forest day tour today," Jack says.

"All right. The tour departs at six, twenty-five minutes from now. Please have a seat and I will let you know once the tour bus arrives," the man says.

"Sure! Thank you." Jack says.

"What is your room number?" the man asks.

"Thirteen."

"And do you have any bags?"

"Just one handbag."

"Ok." the man says and notes down the details.

Jack and Rose sit down on the comfortable cushioned sofas in the lobby. The lobby is small and cozy. It is largely empty. The seven people who were with Jack and Rose in the elevator are not to be seen anywhere. After about twenty minutes, a tour bus arrives. It is a twelve-seater. The man at the front desk informs Jack and Rose that they can board the bus.

"You may go and take your seats in the bus if you like," says the man.

"When will the bus depart?" Rose asks.

"In precisely eighteen minutes." the man says. "There was a bit of a delay because of some technical issues in the vehicle. There are seven more people joining the tour from this hotel. As soon as they arrive, the bus will leave."

"All right!" says Rose.

Time passes by and the bus fills up. The journey begins at the right time. The bus soon reaches the forest. All the passengers disembark, and the tour guide says,

"Attention, ladies and gentlemen! We will now begin our trek. Please stay with the group and don't hesitate to come to me if you need anything."

The tour guide hands out a map to all the tourists and everyone starts walking. There are over a thousand varieties of trees and a hundred different species of animals and birds in the forest. Jack and Rose enjoy the beauty of nature.

"This place is so tranquil, isn't it?" says Jack.

"Yeah, it is. Can I ask you something?" says Rose.

"Yes."

"What did you think when the fortune-teller said that we'll end up married?"

"Impossible!"

"Is this what you really thought?"

"Yes. Look, Rose, don't build any hopes or dreams around what he said. I love someone else." Jack says.

Rose says nothing.

"I am sorry, Rose," Jack says.

She says nothing and disappears behind the trees.

"Where are you going?" Jack calls out.

"Wait there! I am coming!" Rose says.

She returns in ten minutes with fifty roses in her hand.

"Jack, I don't know what you think about me. I don't know if you will ever love me but I don't care. All I know is that you mean the world to me. I love you, Jack, and I will continue to do so for the rest of my life. You are under no force to love me back. My words may seem unreal to you, but my feelings for you are absolutely pure and true." Rose says.

All the remaining members of the trekking party clap their hands and cheer. Jack is thoroughly speechless.

"I really appreciate what you feel for me, Rose. Thank you so much! You will always be special to me." Jack says and hugs Rose. The trek comes to an end and all the tourists, including Jack and Rose, return to the hotel. Jack is unable to come to terms with Rose's confession. He feels bad for her. Kathryn's face flashes before his eyes.

"Please forgive me, Rose! My heart beats only for Kathryn." Jack thinks to himself.

17
BACK HOME
RELATIONSHIP WORDS

Jack und Rose sind im Zimmer und packen ihre Koffer. Es ist Sonntagnachmittag. Rose ist verärgert; sie will nicht zurück nach Hause. Ihre **Freunde** und **Kollegen** rufen sie an, aber sie geht nicht ans Telefon.

„Diese Reise hat sehr viel Spaß gemacht. Vielen Dank, Jack", sagt sie.

„Ach, Fräulein Zierlich! Danke mir nicht. Es hat wegen dir Spaß gemacht", bemerkt Jack. „Ich hoffe, dass diese letzte Reise ohne Hürden verläuft", fügt er hinzu.

„Ich hoffe nicht", sagt Rose.

"Was?!"

„Weil ich dadurch mehr Zeit mit dir verbringen kann", sagt sie.

Jack umarmt sie und sagt: „Wir bleiben in Verbindung. Du kannst mich jederzeit anrufen, Rose."

Sie tauschen Nummern aus, woraufhin Rose sagt: „Ich weiß, dass du jetzt nichts für mich empfindest, aber ich bete, dass der Tag sehr bald kommt, an dem du sagen wirst, dass du mich auch liebst."

Jack lächelt.

„Nehmen wir dasselbe Taxi zurück?", fragt Rose.

„Ich kann nicht sagen, ob es dasselbe Taxi sein wird, aber mit Sicherheit derselbe Fahrer."

„Du sagtest, du müsstest zu einer Geburtstagsfeier nach Großbritannien. Um wie viel Uhr geht dein Flug von Florenz?"

„Ich habe noch keinen gebucht. Ich werde den frühestmöglichen Flug nehmen", sagt Jack.

„Ich plane auch, einige Zeit mit meiner **Familie** in der Schweiz zu verbringen", sagt Rose.

„Meine **Mutter** ist sehr böse auf mich, weil ich in letzter Zeit beruflich viel unterwegs war. Ich werde jetzt einige Zeit mit ihr und meinem **Vater** verbringen."

"Hast du **Geschwister**?", fragt Rose.

"Ja. Ich habe eine ältere **Schwester** und eine jüngere Schwester. Meine ältere Schwester ist verheiratet. Sie lebt mit ihrem **Ehemann** in Australien. Die Jüngere malt mit ihrem **Freund** ihre Wohnung rot an", sagt Jack lächelnd.

„Ihr seid eine große Familie. Ich habe nur einen älteren **Bruder** und er ist auch verheiratet. Er lebt mit seiner **Ehefrau** und seinen **Kindern** zusammen mit meinen **Eltern**, meiner **Großmutter** und meinem **Großvater** in der Schweiz.», sagt Rose. „Wann hast du vor, deiner **Freundin** einen Antrag zu machen?", fügt sie hinzu.

"Einen Antrag machen? Ich habe ihr noch nicht einmal gesagt, dass ich sie liebe. Das werde ich an ihrem Geburtstag tun", sagt Jack.

Das Taxi kommt und die beiden fahren nach Florenz. Während sie unterwegs plaudern, sich necken und lachen, erreichen sie Florenz in wenigen Stunden.

„Wir sind endlich in Florenz! Was war das für eine Reise vom Bahnhof in Florenz bis heute!", sagt Jack.

"Ja, wirklich! Von **Fremden** zu Freunden und mehr!

Das war mit Abstand die beste Reise meines Lebens!", sagt Rose.

„Es war wirklich unglaublich! Spaß, Lachen, Abenteuer und viele Pannen!"

„Es war schön, dich kennenzulernen, Jack. Ich werde diese Zeit, die wir zusammen verbracht haben, für immer in Ehren halten. Wie ich dir bereits gesagt habe, werde ich dich für den Rest meines Lebens lieben. Wenn du dich jemals entscheidest, mit Kathryn Schluss zu machen, ruf mich einfach an", sagt Rose.

„Du bist ein wunderbares Mädchen, Rose, nur ein bisschen zierlich! Du wirst immer einen besonderen Platz in meinem Herzen haben. Warten wir ab, was die Zukunft für uns bereithält", sagt Jack und geht zum Flughafen, um seinen Flug nach Großbritannien anzutreten.

Er kommt nach Hause und bereitet sich aufgeregt auf Kathryns Geburtstagsparty an diesem Abend vor. Er bereitet die Geschenke vor und kauft eine besondere Geburtstagskarte für sie. Mit einem großen, wunderschönen Blumenstrauß in der Hand erreicht er Kathryns Geburtstagsfeier. Er entdeckt dort denselben Mann, den er vor ein paar Tagen auf Kathryns Profilbild gesehen hatte. Er beschließt, Kathryn zu fragen, wer er ist.

„Hey Kathryn! Alles Gute zum Geburtstag! Wer ist dieser Mann dort drüben? Ich bin noch nicht mit ihm bekannt gemacht worden. Ich habe ihn vor ein paar Tagen auch auf deinem Profilbild gesehen", sagt Jack.

„Oh, es tut mir so leid, Jack. Lass mich ihn dir vorstellen! Das ist mir komplett durch die Lappen gegangen!", sagt Kathryn und ruft den Mann zu sich.

„Ich wollte euch beide einander vorstellen", sagt sie zu dem Mann. „Das ist Jack, ein sehr enger Freund von mir. Und Jack, das ist Mark, mein **Verlobter**."

Jack ist unglaublich schockiert.

Kathryn lacht und sagt: „Ich wollte alle auf meiner Geburtstagsparty mit dieser Neuigkeit überraschen. Wie gefällt er dir? Ist er nicht wunderbar?"

Jack findet keine Worte. Sein Herz ist in tausend Stücke zersprungen. Er sagt niemandem etwas und verlässt einfach die Party.

Fünf Jahre später ist Jack ein sehr erfolgreicher Schriftsteller. Rose hat auch in der Kunstbranche große Erfolge erzielt. Die Vorhersage trifft ein. Jack und Rose leben glücklich zusammen in einer Villa in London.

―――――

SUMMARY

Der Wochenendausflug von Jack und Rose geht zu Ende. Sie sprechen über ihre Familien und lassen die gemeinsamen Stunden der letzten Tage Revue passieren. Rose wiederholt ihre Gefühle für ihn. Sie erreichen Florence und Jack reist nach Großbritannien ab, um an Kathryns Geburtstagsfeier teilzunehmen. Er bereitet sich darauf vor, seine romantische Seite zu zeigen und ihr auf der Party seine Liebe zu gestehen. Als er die Party erreicht, erfährt er, dass Kathryn bereits mit jemand anderem verlobt ist. Jack ist untröstlich und verlässt sofort die Party. Gemäß der Vorhersage des Wahrsagers heiraten Jack und Rose und leben seitdem glücklich zusammen.

―――――

WORDS TO REMEMBER

1. **Freunde** - Friends
2. **Kollegen** - Colleagues
3. **Familie** - Family
4. **Mutter** - Mother
5. **Vater** - Father
6. **Geschwister** - Siblings
7. **Schwester** - Sister
8. **Ehemann** - Husband
9. **Freund** - Boyfriend
10. **Bruder** - Brother
11. **Ehefrau** - Wife
12. **Kinder** - Children
13. **Eltern** - Parents
14. **Feste Freundin** - Girlfriend
15. **Fremde** - Strangers
16. **Verlobter** - Fiancé
17. **Großmutter** - Grandmother
18. **Großvater** - Grandfather

QUESTIONS

1. Wie reisen Jack und Rose nach Florenz?

- a. Mit dem Taxi
- b. Zu Fuß
- c. Mit der Straßenbahn
- d. Mit dem Zug

2. Wie viele Geschwister hat Rose?

- a. Zwei Schwestern
- b. Einen Bruder
- c. Zwei Brüder und eine Schwester
- d. Vier Schwestern und fünf Brüder

3. Was macht Jack, nachdem er Florenz erreicht?

- a. Er besucht einen Kunden
- b. Er hat ein Date mit Rose
- c. Er tritt den Flug nach Großbritannien an
- d. Er geht zur Arbeit

4. Was kauft Jack zusätzlich zu den Geschenken für Kathryn zum Geburtstag?

- a. Einen Ananaskuchen
- b. Eine Gedichtsammlung
- c. Ein Auto
- d. Eine Geburtstagskarte

5. Welche überraschenden Neuigkeiten erhält Jack, als er die Party erreicht?

- a. Die Party wurde abgesagt

- b. Rose ist schwanger
- c. Kathryn ist bereits mit jemand anderem verlobt
- d. Kathryn ist verheiratet

ANSWERS

1. **a.** Mit dem Taxi
2. **b.** Einen Bruder
3. **c.** Er besteigt den Flug nach Großbritannien
4. **d.** Eine Geburtstagskarte
5. **c.** Kathryn ist bereits mit jemand anderem verlobt

ENGLISH TRANSLATION

Jack and Rose are in the room packing their bags. It is Sunday afternoon. Rose is upset; she doesn't want to go back home. Her friends and colleagues call her, but she doesn't answer the phone.

"This trip was a lot of fun. Thank you so much, Jack," she says.

"Oh, Miss Petite! Don't thank me. You made it fun." Jack remarks. "I hope this final journey takes place without any hurdles," he adds.

"I wish not," Rose says.

"What?!"

"Because that will give me more time to spend with you," she says.

Jack hugs her and says, "We will be in touch. You can

call me anytime you like, Rose."

They exchange numbers after which Rose says, "I know you don't feel anything for me now, but I pray that day comes very soon when you will say that you love me too."

Jack smiles.

"Are we taking the same cab back?" asks Rose.

"The same cab or not I cannot say, but the same driver for sure."

"You said you have to go to the UK for a birthday party, what time is your flight from Florence?"

"I haven't booked one yet. I will take the earliest flight possible." Jack says.

"I am also planning to go and spend some time with my family in Switzerland," Rose says.

"My mother is very cross with me because I have been traveling a lot for work lately. I will spend some time with her and my father now."

"Do you have any siblings?" Rose asks.

"Yes. I have one elder sister and one younger sister. My elder sister is married. She lives with her husband in Australia. The younger one is busy painting the town red with her boyfriend." Jack says, smiling.

"Yours is a large family. I only have one elder brother and he is married too. He lives with his wife and children in Switzerland along with my parents, my grandmother, and my grandfather." says Rose. "When are you planning to propose to your girlfriend?" she adds.

"Propose! I haven't even told her yet that I love her. I am going to do that on her birthday." Jack says.

The cab arrives and the two of them leave for Florence. While chatting, teasing each other, and laughing along the way, they reach Florence in a few hours.

"We are finally in Florence! What a journey this was,

from the Florence railway station to now!" Jack says.

"Absolutely! From strangers to friends and more! This was by far the best trip of my life!" Rose says.

"It was amazing indeed! Fun, laughter, adventure, and a lot of mishaps!"

"It was lovely getting to know you, Jack. I will forever cherish this time we spent together. As I told you earlier, I will continue to love you for the rest of my life. If you ever decide to break up with Kathryn, just give me a call," says Rose.

"You are a wonderful girl Rose, just a bit petite! You will always hold a special place in my heart. Let's wait and see what the future has in store for us," Jack says and goes to the airport to board his flight to the United Kingdom.

He gets home and excitedly starts getting ready for Kathryn's birthday party that evening. He gets the gifts ready and buys a special birthday card for her. Holding a large, gorgeous bouquet of flowers in his hand, he arrives at Kathryn's birthday party. He spots the same man there that he had seen in Kathryn's display picture a few days ago. He decides to ask Kathryn about him.

"Hey, Kathryn! Happy birthday! Who is that man over there? I've not been introduced to him yet. I also saw him on your display picture a few days ago." Jack asks.

"Oh, I am so sorry Jack. Let me introduce you to him! It completely slipped out of my mind!" Kathryn says and calls the man over.

"I wanted to introduce you both to one another," she says to the man. "He is Jack, a very close friend of mine. And Jack, he is Mark, my fiancé."

Jack is shocked beyond imagination.

Kathryn laughs and says, "I wanted to surprise everyone with this news at my birthday party. How do you like my choice? Isn't it amazing?"

Jack has no words. His heart is shattered into pieces. He says nothing to anyone and just leaves the party.

Five years later, Jack is a very successful writer. Rose has also found great success in the field of art. The prediction comes true. Jack and Rose live together happily in a mansion in London.

CONCLUSION

Congratulations! You have done it!

Reading and understanding a whole story comprising seventeen chapters and several phrases and dialogues in a new language is not easy. Thanks to your efforts, you now know what to say when you meet someone, how to discuss the weather and food, how to ask for directions, how to speak to the salesperson at a shopping mall, how to express your emotions, what to say when you fall in love with someone, and so much more. Through Jack and Rose's story, you have experienced many real-life situations in this new language. You might not have understood each and every word in the book, but what you have accomplished is commendable! You have managed to learn a new language on your own without the help of any teacher and outside of a classroom setting.

Now what?

Now, it's time to practice!

Pick out all those aspects of the book that you didn't understand completely and attempt to master them. Try interacting with a native speaker. Expose yourself to videos, movies, and articles in this new language and try to pick up as much as you can. Every effort you make will take you closer and closer to the ultimate goal of perfection and fluency. No one can learn a language in the space of a few weeks. Even native speakers who are fluent have mastered the language over many years. So, don't feel discouraged. It's normal to find this experience challenging at times, it's normal to forget a few words here and there, and it's normal to make mistakes. Every time you practice, you grow. This gradual growth will eventually take you up there to the pinnacle of success in your language learning journey. Don't give up and don't settle for the ordinary because the best things in life lie on the other side of hard work and patience.

What's next?

There are four books in this series - all packed with short stories and dialogs - that focus on everyday Spanish, ensuring that you learn the basics of the language.

Search for **Language Mastery** to find the rest of the books in the series, as well as dozens of other resources. To continue your language learning journey, simply add the book to your library. We have a book collection, which you can find on your favorite online bookstore or library, that outlines practical steps that you can take to keep learning any language. If you are ever lost or in need of new ideas or direction, we suggest you consult our book collection or just send us an email, we will be there to help you.

Your biggest fan,
Language Mastery!

ALSO BY LANGUAGE MASTERY

SPANISH TITLES

SPANISH 1. **Spanish Short Stories for Beginners:** *Over 100 Conversational Dialogues & Daily Used Phrases to Learn Spanish. Have Fun & Grow Your Vocabulary with Spanish Language Learning Lessons!*

SPANISH 2. **Conversational Spanish Dialogues:** *Over 100 Conversations and Short Stories to Learn the Spanish Language. Grow Your Vocabulary Whilst Having Fun with Daily Used Phrases and Language Learning Lessons!*

SPANISH 3. **Learn Spanish with Short Stories:** *Over 100 Dialogues & Daily Used Phrases to Learn Spanish in no Time. Language Learning Lessons for Beginners to Improve Your Vocabulary & Speak Spanish Like a Native!*

SPANISH BUNDLE. **Learn Spanish for Beginners:** *Over 300 Conversational Dialogues and Daily Used Phrases to Learn Spanish in no Time. Grow Your Vocabulary with Spanish Short Stories & Language Learning Lessons!*

FRENCH TITLES

FRENCH 1. **French Short Stories for Beginners:** *Over 100 Conversational Dialogues & Daily Used Phrases to Learn French. Have Fun & Grow Your Vocabulary with French Language Learning Lessons!*

FRENCH 2. **Conversational French Dialogues:** *Over 100 Conversations and Short Stories to Learn the French Language. Grow Your Vocabulary Whilst Having Fun with Daily Used Phrases and Language Learning Lessons!*

FRENCH 3. **Learn French with Short Stories:** *Over 100 Dialogues & Daily Used Phrases to Learn French in no Time. Language Learning Lessons for Beginners to Improve Your Vocabulary & Speak French Like a Native!*

FRENCH BUNDLE. **Learn French for Beginners:** *Over 300 Conversational Dialogues and Daily Used Phrases to Learn French in no Time. Grow Your Vocabulary with French Short Stories & Language Learning Lessons!*

ITALIAN TITLES

ITALIAN 1. **Italian Short Stories for Beginners:** *Over 100 Conversational Dialogues & Daily Used Phrases to Learn Italian. Have Fun & Grow Your Vocabulary with Italian Language Learning Lessons!*

ITALIAN 2. **Conversational Italian Dialogues:** *Over 100 Conversations and Short Stories to Learn the Italian Language. Grow Your Vocabulary Whilst Having Fun with Daily Used Phrases and Language Learning Lessons!*

ITALIAN 3. **Learn Italian with Short Stories:** *Over 100 Dialogues & Daily Used Phrases to Learn Italian in no Time. Language Learning Lessons for Beginners to Improve Your Vocabulary & Speak Italian Like a Native!*

ITALIAN BUNDLE. **Learn Italian for Beginners:** *Over 300 Conversational Dialogues and Daily Used Phrases to Learn Italian in no Time. Grow Your Vocabulary with Italian Short Stories & Language Learning Lessons!*

GERMAN TITLES

GERMAN 1. **German Short Stories for Beginners:** *Over 100 Conversational Dialogues & Daily Used Phrases to Learn German. Have Fun & Grow Your Vocabulary with German Language Learning Lessons!*

GERMAN 2. **Conversational German Dialogues:** *Over 100 Conversations and Short Stories to Learn the German Language. Grow Your Vocabulary Whilst Having Fun with Daily Used Phrases and Language Learning Lessons!*

GERMAN 3. **Learn German with Short Stories:** *Over 100 Dialogues & Daily Used Phrases to Learn German in no Time. Language Learning Lessons for Beginners to Improve Your Vocabulary & Speak German Like a Native!*

GERMAN BUNDLE. **Learn German for Beginners:** *Over 300 Conversational Dialogues and Daily Used Phrases to Learn German in no Time. Grow Your Vocabulary with German Short Stories & Language Learning Lessons!*

www.ingramcontent.com/pod-product-compliance
Lightning Source LLC
Chambersburg PA
CBHW072006070526
44583CB00015B/1362